AF366478

La Grève et le Lock=out en Allemagne

LA GRÈVE ET LE LOCK=OUT
EN ALLEMAGNE

Leurs forces, leur droit et leurs résultats.

CONFÉRENCES FAITES A L'UNIVERSITÉ NOUVELLE DE BRUXELLES

PAR

ED. BERNSTEIN

ANCIEN DÉPUTÉ AU REICHSTAG.

1908

BRUXELLES
MISCH & THRON
126, RUE ROYALE
ÉDITEURS

PARIS
MARCEL RIVIÈRE
30, RUE JACOB
ÉDITEUR

AVANT-PROPOS

Il n'est presqu'aucune question relative à l'économie politique et sociale qui ne soit, dans notre société moderne, liée de l'une ou de l'autre manière à celle de la Grève et du Lock-out. La grève ainsi que sa contre-partie, le lock-out, sont des mouvements qui ont pour but de régler les questions du salaire, des heures de travail, du règlement du travail, de la subordination industrielle et de la personnalité (dignité personnelle) de l'ouvrier, de la nature du contrat de travail et nombre d'autres questions similaires. Tout cela est bien connu. Mais si l'on aborde la question plus à fond, on se trouve face à face avec des questions comme celles de la rente foncière et financière, de la politique commerciale, et avec une foule d'autres questions qui se rapportent au problème de la concurrence et du prix.

Le lecteur de ce petit livre comprendra facilement qu'il était impossible de traiter de tout cela en une série de six conférences. Pour le plus grand nombre des questions mentionnées, j'ai dû me borner à de simples indications. Ma première tâche a été de présenter des tableaux de la quantité, de l'étendue, des formes, des conditions, des causes, des objets immédiats et des résultats des grèves et des lock-outs en Allemagne, ensuite de la nature, des forces et des dispositions des parties belligérantes. Or, les tableaux statistiques n'offrent pas une lecture intéressante pour tout le monde. J'espère toutefois trouver des lecteurs qui savent que « la science dure et aride des chiffres », comme Lassalle l'a appelée un jour, contient en elle toute la vie humaine avec ses joies et ses souffrances, et que ces tableaux qui, pour les non-initiés ne sont que des colonnes de chiffres muets, offrent à celui qui sait les lire, l'image en quelque sorte épique de tout ce qui influence la vie et le bien-être de l'humanité qui travaille. Ils lui parlent d'efforts vigoureux et d'obscures résignations, d'heures de triomphe et de jours de déceptions, ils lui mettent devant les yeux une espèce de guerre nouvelle et lui montrent comment s'élabore la science de cette guerre. Aussi j'ose espérer qu'on me pardonnera d'avoir bourré de tableaux statistiques ma conférence initiale.

La question des grèves et des lock-outs est aussi celle des forces syndicales, et par conséquent j'ai dû consacrer une bonne partie de mon temps à la description du syndicalisme allemand. Peut-être que d'aucuns trouveront mon appréciation de celui-ci exagérée ou même partiale, et il est possible qu'elle le soit en fait. Mais elle n'est certes pas partiale dans l'intention. Le fait est que j'ai cru de mon devoir d'émettre ma conviction telle qu'elle est, même au risque de me voir obligé louer, à cette occasion, des organismes propres à mon pays natal. Personne ne reconnaîtra plus volontiers que moi que l'Allemagne a encore beaucoup à apprendre des autres pays, et, à mon avis, aucun social-démocrate allemand ne pourrait oublier ce que le mouvement ouvrier allemand doit à ses précurseurs anglais et français, ni perdre de vue qu'à bien des égards, ce furent et ce sont encore les petits pays qui nous donnent des leçons. Mais je ne serais pas l'internationaliste que je suis par le seul fait que j'appartiens au mouvement ouvrier, si, invité à parler de choses allemandes, devant un public non allemand, j'hésitais un moment à dire en quoi ces choses valent d'être étudiées et imitées. Et je crois bien que les réalisations obtenues par les syndicats centralisés allemands méritent, à cet égard, toute notre attention.

C'est dans cette conviction que j'ai accepté avec empressement l'invitation si flatteuse du Comité de l'Université Nouvelle à venir traiter ce sujet devant ses auditeurs ; c'est cette même invitation qui m'encourage à présenter aujourd'hui ces conférences au grand public sous la forme d'un livre. Malgré les lacunes qu'elles contiennent, elles donneront, je l'espère, une idée de ce vaste mouvement qu'est aujourd'hui le syndicalisme allemand, de ses méthodes, de l'ardeur et du dévouement avec lesquels une armée comportant des milliers et des milliers d'hommes travaille pour l'élargir et le perfectionner et enfin des résultats qui ont été obtenus grâce au travail assidu et à l'esprit de cohésion et de persévérance qui anime le monde syndical allemand.

Pour conclure, ce m'est un devoir agréable de remercier le Comité de l'Université Nouvelle de ce qu'il m'a donné l'occasion de faire ces conférences et de ce qu'il a bien voulu se charger du travail pénible de reviser mon manuscrit.

ED. BERNSTEIN.

Schöneberg-Berlin, 5 Avril 1908.

I. — La Statistique des Grèves et des Lock-outs en Allemagne.

Qu'il me soit permis de commencer ce traité par la plus aride peut-être de toutes les questions qui font partie de notre sujet : En ce qui concerne le nombre des grèves et des lock-outs en Allemagne, nous avons comme sources d'information générale deux statistiques qui diffèrent sur plusieurs points :

1° Les rapports de l'Office impérial de statistique, du «Kaiserliche Statistische Amt ». publiés annuellement depuis 1899 et dont l'analyse paraît dans le : « Reichsarbeitsblatt » ou Gazette du Travail, journal mensuel publié par l'Office impérial de statistique, au prix de 10 pf. la feuille.

Outre ce rapport officiel, nous avons :

2° Les rapports annuels de la Commission générale des syndicats allemands (Generalkommission der Gewerkschaften Deutschlands) publiés dans le « Correspondenzblatt der Generalkommission der Gewerkschaften Deutschlands », feuille hebdomadaire dont le prix est de 1 Mark 50 par trimestre.

Pour autant que je sache, ces rapports de la Generalkommission, au point de vue de la perfection et de l'analyse détaillée des luttes et des mouvements en question, n'ont aucun équivalent dans les statistiques publiées par les Comités centraux des syndicats d'autres pays.

La statistique de la Generalkommission se distingue tout d'abord de la statistique de l'Office impérial, en ce qu'elle est basée sur les rapports ou comptes-rendus des organisations ouvrières ou syndicats, tandis que les statistiques de l'Office impérial ont pour base les rapports de la police locale ou régionale établis conformément aux prescriptions fixées par le Conseil fédéral de l'Empire, en date du 10 Juin 1898.

Le formulaire de ces enquêtes officielles figure aux pages 3 et 4 du dernier rapport paru, celui de 1906. Il est adressé aux autorités policières locales ou régionales, de préférence à ces dernières, et sollicite de nombreux renseignements : lieu de la grève; indication du voisinage; métiers en cause; établissements atteints directement par la grève ou paralysés par elle ; nombre d'ouvriers en cause et spécialement, nombre de ceux qui ont moins de 21 ans ; situation au commencement et à la fin de la grève ou du lock-out ; ouvriers ayant des occupations spéciales ; date de l'augmentation du nombre des grévistes ; nombre des ouvriers se trouvant simultanément en grève ; nombre des ouvriers attitrés ayant cessé immédiatement le travail ; nombre de ceux qui ont violé le contrat ; nombre de ceux qui se sont trouvés à même de cesser le travail sans violer le contrat ; nombre des ouvriers non-grévistes ayant dû cesser le travail par suite de la grève ou du lock-out ; demandes de compromis faites par les grévistes avec indication du résultat ; des organisations ouvrières, patronales ou des personnes étrangères à ces organisations ont-elles influencé la grève? les organisations l'ont-elles ou non subsidiée? y a-t-il eu des pourparlers directs entre parties, ouvriers et patrons, sans intervention d'une organisation quelconque? le mouvement a-t-il cessé à la suite de l'intervention d'une organisation ou d'un comité quelconque ou des conseils de conciliation qui fonctionnent conjointement avec les conseils de prud'hommes? les ouvriers et les patrons ont-ils entamé des pourparlers? y a-t-il eu lieu de protéger les non-grévistes? y a-t-il eu des persécutions quelconques à leur égard? montant calculable des salaires perdus par suite de la grève.

Tels sont les points les plus importants du questionnaire officiel. Les formulaires-types des rapports des syndicats sont de deux espèces : Il y a d'abord le formulaire des rapports sommaires annuels établis par les syndicats eux-mêmes sur tous les mouvements de leurs organisations. Ce formulaire est envoyé par la commission générale des syndicats aux comités nationaux des différents syndicats, pour être remplis par eux. Il doit fournir, pour toute l'année, la statistique d'ensemble des grèves, des lock-outs et de tous les mouvements relatifs au salaire ou au travail.

Il porte sur les points suivants : 1° Nombre des cas, des endroits et des établissements dans lesquels les revendications se sont manifestées et nombre des ouvriers occupés dans ces établissements. — 2º Nombre des cas, endroits, etc. dans lesquels il a été mis fin à ces revendications par : a) négociations avec les patrons suivies de succès, b) concessions tacites des patrons, c) retrait des revendications de la part des ouvriers, d) grèves ou lock-outs. — 3º Nombre des ouvriers qui ont pris part aux mouvements : a) en vue d'une amélioration, et b) contre une aggravation des conditions de travail. — 4º Nombre des ouvriers et nombre des ouvrières ayant pris part à : a) des grèves offensives, b) des grèves défensives, c) des lock-outs. — 5º Nombre des ouvriers et des ouvrières inscrits sur la liste des grévistes : a) dans les grèves offensives, b) dans les grèves défensives, c) dans les lock-outs. — 6º Durée de l'ensemble : a) des grèves offensives, b) des grèves défensives, c) des lock-outs. — 7º Perte en jours de travail et perte en salaires des ouvriers et des ouvrières à l'occasion de chacun de ces mouvements. — 8º Résultat de ces mouvements : réussite complète, réussite partielle, échec, en tenant compte du nombre des ouvriers dans chaque cas. — 9º Somme totale des heures de repos gagnées par semaine, somme totale des salaires gagnés par semaine à la suite des différents mouvements et nombre d'ouvriers qui en profitent directement. — 10º Dépenses faites à l'occasion de chacun et de l'ensemble de ces mouvements, et somme totale fournie : a) par la caisse centrale ou les caisses des sections du syndicat lui-même, b) par les membres du syndicat, c) par d'autres syndicats, d) par des collectes, e) par d'autres pays.

Outre ce formulaire de statistique générale, les comités nationaux des syndicats ont à remplir cinq formulaires de statistique spéciale, à la demande de la Commission Générale des Syndicats. Celle-ci les coordonne et constate les divergences éventuelles entre les chiffres généraux obtenus par un collationnement minutieux et ceux de la statistique générale des syndicats. De ces cinq formulaires de statistique spéciale, le premier concerne les mouvements — relatifs à l'amélioration des salaires, aux heures et aux conditions de travail — qui n'ont pas abouti à la grève ; le deuxième a en vue les mouvements — non suivis de grève et de lock-out — qui étaient dirigés contre une aggravation des conditions de travail ; le troisième demande des renseignements sur les grèves offensives ; le quatrième sur les grèves défensives, et le cinquième sur les lock-outs. Dans chacun d'eux, il y a à répondre à des questions très détaillées.

Après avoir reçu tous ces renseignements, la Commission Générale des syndicats — la *Generalkommission* — en dégage la conclusion, qui devient d'année en année, plus complète et plus précise.

Naturellement, cette statistique exige beaucoup de travail. Il se peut que certaines personnes y voient une activité d'ordre inférieur. Pour moi, j'y distingue le signe d'un effort intense pour arriver à une juste appréciation de tous les mouvements et de tous les efforts des syndicats.

Il est peut-être intéressant pour vous de savoir comment les syndicats particuliers se procurent leurs informations : Parlons donc des questionnaires que les unions envoient à chacune de leurs ramifications. (C'est ce que vous appelez les syndicats locaux ; en Allemagne, on dit « les branches » ou « bureaux de paiement »). Ces questionnaires indiquent pour chaque mouvement de salaire, le nombre d'établissements sujets à ces mouvements. Ils indiquent aussi s'il y existe une organisation patronale et le nombre d'adhérents qu'elle comporte. Il en est qui doivent être remplis semaine par semaine, jusqu'à la fin de la grève et qui indiquent tout ce qui est relatif à la situation en général, à l'accroissement et à la diminution du nombre des grévistes, etc. Un formulaire envisage l'évolution de la grève de son début jusqu'à sa fin. Vient ensuite un formulaire spécial relatif au résultat du mouvement et enfin un rapport final très détaillé.

Il existe aussi un formulaire pour les ouvriers grévistes ou non grévistes. Un grand nombre de questions sont posées à chaque membre qui prend part à la lutte.

Tous les renseignements recueillis sont envoyés aux unions, puis à la Commission générale. Ce n'est pas là le seul travail de statistique auquel se livrent les syndicats allemands. C'est cependant déjà un travail très important qui, dans son ensemble, exige le concours de toute une armée de collaborateurs et qui permet d'arriver à un résultat suffisamment exact. Par suite de la différence des méthodes de recensement, on trouve des différences assez considérable entre les chiffres de la statistique impériale et ceux de la statistique syndicale.

La statistique *impériale* énumère *plus de grèves et de lockouts* que la statistique des syndicats et cela pour les raisons suivantes.

1° Il se produit des grèves dans des régions éloignées où il n'existe pas encore de mouvement syndical, ou bien dans des fabriques isolées : y participent seulement quelques ouvriers non organisés. Ces grèves viennent à la connaissance de la police, mais elles n'intéressent guère les syndicats. C'est ce qui fait qu'elles ne sont pas mentionnées dans la statistique des la Generalkommission.

2° La statistique impériale recense les grèves par localités ou par districts administratifs, tandis que la statistique syndicale enregistre chaque grève comme une entité unitaire ; une grève qui s'étend au-delà d'une localité déterminée se trouvera renseignée plusieurs fois dans la statistique impériale, tandis qu'elle ne figure qu'une fois dans la statistique syndicale. De plus, les rapports de police qualifient souvent de grèves des mouvements au cours desquels il ne s'est produit en fait, que des différends non suivis de chômage, mouvements qui ont eu pour résultat une modification dans les conditions du travail. Bien que la police ait pour devoir de faire rapport sur chaque grève qui s'est produite dans la localité où elle exerce ses fonctions, un nombre assez considérable de différends échappe cependant à la statistique impériale. En cinq ans, de 1901 à 1905, un cinquième des grèves en moyenne lui a échappé. L'écart serait plus grand encore, si l'Office impérial ne complétait pas les rapports de police qui lui parviennent par les renseignements de la presse et notamment de la presse ouvrière.

D'autre part, en ce qui concerne le *nombre des grévistes*, la statistique impériale prend pour base de calcul le nombre maximum d'ouvriers qui, au cours d'une grève, ont chômé simultanément. Les syndicats, au contraire, comptent tous les ouvriers qui ont fait grève pendant un conflit.

Il y a également une différence entre les deux statistiques au point de vue *de la durée de la grève* : Il arrive que l'une des deux fasse commencer la grève à partir du jour de la cessation du travail, tandis que l'autre la fait commencer à partir du premier jour de chômage proprement dit. Souvent les autorités policières font commencer la grève le samedi, quand les ouvriers l'ont déclarée ce jour-là, tandis que la statistique syndicale la fait commencer le lundi, jour à partir duquel commence réellement le chômage.

De même en ce qui concerne la *fin de la grève*. La statistique de la police a une tendance à fixer la fin de la grève au jour où les patrons ont reconquis tout leur personnel, tandis que, pour les syndicats, la grève est finie quand *leurs* membres sont de nouveau réoccupés ou quand la reprise du travail a été proclamée.

— 12 —

Il existe encore, entre les deux statistiques, des différences relatives aux *résultats* des grèves, mais cette question sera traitée plus loin.

Malgré ces divergences, la statistique impériale et la statistique syndicale sont d'accord sur un point : toutes deux constatent le nombre croissant des grèves et lock-outs en Allemagne.

Je prends les chiffres à partir de l'année 1901 :

	STATISTIQUE SYNDICALE		STATISTIQUE IMPÉRIALE	
Années	Conflits	Participants	Conflits	Participants
1901	727	48.522	1109	60.676
1902	861	55.713	1135	64.217
1903	1099	124.593	1504	120.876
1904	1625	155.957	2040	137.240
1905	2353	507.964	2711	526.810
1906	3430	516.042	3683	349.327
Pour les 6 années 10.798		1.385.791	12,179	1,2?9.146

Excédent de la statistique impériale : 1,881 conflits.

D'après les investigations de la Commission des Syndicats, il manque dans la statistique impériale :

1901	316 conflits	6243 participants
1902	314 "	5888 "
1903	3?7 "	8120 "
1904	481 "	9505 "
1905	587 "	13020 "
1906	257 "	6534 "
Total 2342	"	49.310 "

Ces chiffres, ajoutés à ceux de la statistique impériale, donnent, pour les 6 années, un total de 14,521 grèves et lock-outs et de 1,308,456 participants ; pour l'année 1906 seule, 3,940 grèves et lock-outs et 355,861 participants !

Comparons ces chiffres avec ceux que nous fournissent les trois autres pays industriels les plus importants : la Grande-Bretagne, les Etats-Unis et la France. Nous arrivons, en 1906, pour la Grande-Bretagne, à 486 conflits et 157,872 grévistes ; du 1er octobre 1906 au 30 septembre 1907, pour les Etats-Unis, à 1,433 conflits et 130,271 grévistes ; pour la France, à 835 conflits et 178,252 grévistes. L'Allemagne dépasse donc tous ces pays par le nombre des conflits industriels.

Cela est vrai tant au point de vue des lock-outs qu'au point de vue des grèves. Le nombre des lock-outs, pendant ces 6 années, a été constamment en augmentant.

De 1901 à 1906, la statistique syndicale indique 941 conflits de ce genre et 328,155 intéressés, et la statistique impériale 885 conflits et 270,526 intéressés. En 1906 seulement, les chiffres sont, pour la statistique syndicale, de 421 et de 93,356, et pour la statistique impériale, de 305 et de 77,109. La différence provient de ce que les patrons qualifient souvent de grève ce que les ouvriers appellent lock-out et vice-versa ; souvent aussi, au cours de son développement, un conflit change d'aspect. La statistique impériale démontre néanmoins qu'on compte plus de lock-outs en Allemagne que dans les autres pays.

En ce qui concerne la difficulté qu'il y a parfois à qualifier un conflit, je vous rappellerai la grande grève des mécaniciens anglais en 1897-98.

Comment commença-t-elle ? Les ouvriers demandèrent un jour, à Londres, la journée de huit heures. Ils l'obtinrent de quelques petits patrons, mais trois grands industriels de Londres la refusèrent. Les ouvriers firent grève. Alors, l'Association patronale, intervenant, déclara : Si vous faites grève, nous congédierons, dans tout le pays, le quart de vos membres ». On fit ainsi, et partout où les patrons avaient congédié le quart de leurs ouvriers syndiqués, le syndicat amena tous les ouvriers à se retirer. Etait-ce une grève ou un lock-out ? Il y a de nombreux cas semblables à celui-là.

Passons à la statistique syndicale des *chômeurs* par suite de grèves ou de lock-out, de 1892 à 1898 :

STATISTIQUE DES SYNDICATS			
Années	Grèves et lock-outs	Chômeurs	Nombre moyen des chômeurs par conflit
1892	73	3,022	41,39
1893	116	9,356	80,56
1894	131	7,328	55,94
1895	204	14,032	68,78
1896	483	128,808	266,58
1897	5/8	63,119	109,20
1898	985	60,162	61,08
Total	2570	285,827	—
Moyenne en 7 ans 367		40,832	111,22

Depuis 1899, la statistique impériale, qui est la plus complète des deux, donne les chiffres suivants :

1899	1364	104,636	76,74
1900	1500	131,888	87,93
1901	1109	60,676	54,71
1902	1135	64,217	56,58
1903	1501	120,876	80,58
1904	2040	137,240	67,03
1905	2711	526,810	194,32
1906	3683	349,327	94,85
Total	15,043	1,495,670	—
Moyenne en 8 ans : 1880		186,959	99,43

Au cours des deux périodes (1892-98 et 1899-1908), — sauf pour les années 1896, 1897 et 1905 — la moyenne des participants est inférieure à 100. En 1896, il y eut une grande grève des manœuvres du port de Hambourg qui fit hausser la moyenne ; en 1905, la grande grève des mineurs de Westphalie et des bassins voisins, comprenant à elle seule plus de 200,000 ouvriers, eut le même effet. La statistique impériale renseigne un grand nombre de très petites grèves qui font paraître la moyenne plus petite que celle de la statistique syndicale.

Un jeune économiste allemand, le Dr Maximilien Mayer, a comparé dernièrement le nombre moyen, par grève, des grévistes, en Allemagne, avec les chiffres de 6 autres pays. La moyenne de l'Allemagne pour les années 1900 à 1904 est plus faible que celle de l'Autriche, de la Belgique, de la France, des Etats-Unis, de la Grande-Bretagne et de l'Italie ; tous ces pays donnent, par grève, une moyenne supérieure à 140 grévistes. L'Allemagne, on le voit, reste en dessous de ce chiffre. La comparaison entre la Belgique et l'Allemagne donne les chiffres suivants, lock-outs non compris :

	NOMBRE DES GRÈVES		NOMBRE DES GRÉVISTES PAR GRÈVE	
	Belgique	Allemagne	Belgique	Allemagne
1899	104	1288	557	77
1900	106	1433	222	86
1901	118	1056	304	52
1902	74	1069	149	51
1903	76	1374	113	61
1904	83	1870	153	61

Quant au nombre de grèves, l'Allemagne dépasse la Belgique. Il y a 12 fois plus de grèves en Allemagne qu'en Belgique, alors que le nombre des travailleurs industriels est tout au plus dans la proportion de 8 à 1.

Quant aux grévistes, l'Allemagne n'a eu, de 1900 à 1904, que 9 grévistes sur 1,000 ouvriers occupés, tandis que la Belgique en avait 12 °/₀. Les chiffres exacts, sont pour la Belgique, de 20,107 et pour l'Allemagne, de 86,212 en moyenne par an. Cette différence s'explique surtout par le fait qu'en Belgique, la grève a été fréquente dans les industries textile et charbonnière, tandis qu'elle y a été rare pendant longtemps en Allemagne. A partir de 1905, époque à laquelle les mineurs de Westphalie, les fileurs et les tisserands de Saxe entrent en ligne, la proportion des grévistes allemands se rapproche rapidement de celle des grévistes belges. La moyenne s'élève dès lors à 175 grévistes par grève.

Dans chaque pays, le nombre des grévistes varie beaucoup suivant les industries. Dans certaines industries, les grèves s'étendent très rarement au-delà de la localité ou même d'un nombre restreint d'établissements. Dans d'autres, la grève a une tendance à envahir rapidement toute une région, une province ou même à devenir nationale. Le premier cas se rencontre dans les industries fabriquant des produits variés ou d'usage local. Le second cas est celui des industries fabriquant des produits uniformes, soumis à la concurrence nationale ou internationale. Mais l'organisation syndicale et les dispositions de la population ouvrière ont aussi leur action : elles exercent une grande influence sur la durée et les résultats des grèves : cette question sera traitée plus tard. La proportion entre le nombre des grévistes et le chiffre total des ouvriers des différentes industries est sujette à de nombreuses fluctuations. Une année, tel groupe d'industries donne la plus grande proportion de grévistes : l'année suivante, c'est un autre groupe.

Voici, pour l'Allemagne, le tableau des groupes les plus importants depuis 1899 :

Années	Mines, Salines et Hauts-Fourneaux	Métaux	Machines et Appareils	Textiles	Bois	Bâtiment	Transport
1899	39,221	48,599	14,428	26,692	22,719	65,335	4,350
1900	47,032	19,069	23,037	18,716	44,191	71,248	14,933
1901	6,198	22,333	12,634	10,105	5,233	39,328	1,404
1902	4,856	11,115	12,826	18,438	7,776	56,516	1,195
1903	7,715	35,343	25,476	16,563	11,183	63,835	4,184
1904	9,409	45,559	17,824	6,018	33,688	96,559	7,292
1905	231,453	19,559	73,669	36,713	23,363	78,776	3,819
1906	21,494	27,790	49,363	4,048	24,155	93,985	12,015

Les chiffres du dernier recensement industriel de l'Allemagne — juin 1907 — ne sont pas encore connus, en ce qui concerne le total des ouvriers occupés dans ces industries, et les chiffres du recensement précédent (1905) n'ont plus guère de valeur, car le nombre des ouvriers a augmenté d'année en année dans une proportion très rapide. C'est pour ce motif que je renonce à indiquer des chiffres proportionnels. La comparaison du nombre des ouvriers assurés en 1904 contre l'invalidité avec les chiffres du recensement de 1895 donnera une idée de l'accroissement extraordinaire du nombre des ouvriers pendant cette période :

	RECENSEMENT DE 1895	ASSURÉS EN 1904
Mines	390,951	779,487
Métaux	576,440	879,889
Machines	241,503	392,838
Textiles	648,508	755,857
Bois et Bâtiment . . .	1,048,691	1,674,380
Transports, etc. . . .	195,241	542,684

Dans les deux derniers groupes, les sociétés d'assurances ouvrières ont fait entrer quelques professions ou métiers qui, dans la statistique du recensement, sont classés dans d'autres groupes. Mais, même si l'on élimine ces métiers, l'on trouvera qu'il y a, dans ces deux derniers groupes, comme dans les 4 premiers, une augmentation très forte, qui dépasse de beaucoup la proportion de l'accroissement général de la population pendant les 9 années. L'accroissement affecte dans son ensemble, l'industrie, le commerce et les professions libérales, tandis que l'agriculture reste stationnaire. La plus forte part va, dans une mesure toujours croissante, à la classe des salariés. C'est ce qui explique l'augmentation extraordinaire de cette classe, comparée aux autres. C'est aussi une des raisons, mais ce n'est pas la seule, de l'accroissement formidable des syndicats ouvriers allemands.

II. — Le Syndicalisme Ouvrier et le Syndicalisme Patronal en Allemagne.

Le développement syndical allemand dans son ensemble, à partir de 1878, c'est-à-dire à l'époque où allait être promulguée la loi d'exception contre les socialistes, est mis en relief par le diagramme suivant :

Il y avait, en fait d'ouvriers syndiqués en Allemagne :

1878	A la veille de la promulgation de la loi d'exception	environ	70,000	membres
1890	Date d'abrogation de cette loi	»	360,000	»
1895		»	340,000	»
1898		»	650,000	»
1900		»	952.000	»
1902		»	1,030,000	»
1904		»	1,400,000	»
1906		»	2,215,000	»

Depuis 1895, l'accroissement du nombre des syndiqués dépasse de beaucoup non seulement celui de la population en général, mais aussi celui de la classe des salariés.

Le nombre des ouvriers syndiqués a été, en 1906, plus de six fois plus élevé qu'en 1895, tandis que le nombre des salariés a seulement augmenté de 30 à 40 %. Les ouvriers et employés syndiqués sont distribués en six groupes de syndicats différents, lesquels représentaient en 1906 la force suivante, en chiffres ronds :

1°	Syndicats	centralisés	1,690,000	membres
2°	»	type Hirsch	118,500	»
3°	»	chrétiens-fédéralisés	247,000	»
4°	»	chrétiens-indépendants	73,000	»
5°	»	locaux-fédéralisés	13,000	»
6°	»	épars-indépendants	73,500	»
		Total.	2,215,000	»

Dans ces chiffres ne sont pas compris les syndicats de contre-maîtres, la plupart des syndicats d'employés de commerce, des chemins de fer, des postes, etc., qui représentent en tout plus d'un demi-million de membres, mais ne peuvent être considérés comme des syndicats de résistance : ce sont plutôt des sociétés de secours mutuels et d'intérêts professionnels. Ils excluent la grève, soit par leurs statuts, soit dans la pratique. La majorité des syndicats soi-disant indépendants, chrétiens ou neutres se trouve également dans ce dernier cas.

Les syndicats locaux-fédéralisés sont des syndicats socialistes à tendances radicales ou révolutionnaires. Ils comptent un effectif de 13,000 membres et représentent ce qui a survécu à un mouvement qui eut sa raison d'être à l'époque des lois d'exception, mais qui se trouve aujourd'hui en pleine décadence. Les uns se préparent à entrer dans les syndicats centralisés, les autres évoluent vers l'anarchisme. Les syndicats épars, qui ne sont pas très nombreux, ne présentent pas de type spécial. Ils embrassent un nombre restreint de métiers et de professions spéciales et se rapprochent plus ou moins du type le plus militant des syndicats.

Le plus ancien des trois groupes syndicalistes, dont le nombre d'adhérents dépasse 100,000, est celui des syndicats du type Hirsch. Organisés en 1868 par feu le Dr Max Hirsch et par Franz Duncker, membre du parti progressiste libéral, ils adoptèrent comme principe, de favoriser l'harmonie entre le capital et le travail par la conciliation et l'arbitrage, plutôt que la lutte sociale ; en conséquence, ils n'admirent la grève que comme suprême ressource et avec des restrictions pour ainsi dire prohibitives.

Les organisations Hirsch sont basées sur des sociétés locales de métiers dites « Ortsvereine », groupés par profession en autant de fédérations appelées « Gewerkvereine » et dirigées chacune par un conseil général national.

Les Gewerkvereine sont fédérés et forment ensemble une confédération nationale dite « Verband der Gewerkvereine » représentée par un conseil central ayant comme adjoint un directeur ou conseiller dont le titre est « Verbandsanwalt » (avocat de la confédération). Jusqu'à sa mort, survenue il y a deux ans, ce fut le Dr Max Hirsch qui occupa les fonctions de Verbandsanwalt.

Le motif principal d'attraction des Gewerkvereine devait consister, selon l'idée de leurs fondateurs, dans l'organisation très complète d'un système de secours mutuels. Mais ils visèrent trop haut. Malgré leurs très faibles cotisations, ils promirent des secours élevés : et la conséquence en fut qu'un jour, une banqueroute assez compromettante se produisit. Ensuite, n'osant pas augmenter les cotisations, ils réduisirent les secours, et leur réputation déjà compromise sombra alors presque entièrement. Peu à peu, les gewerkvereine se relevèrent jusqu'à un certain point, mais leurs progrès furent très lents ou presquenuls. Aujourd'hui ils ne comptent guère que 10 fédérations de métiers, dont 3 seulement ont une certaine importance.

Pour toute l'Allemagne, l'ensemble du mouvement Hirsch représente à peu près 117,000 membres Même dans leur spécialité, c'est-à-dire en matière de secours mutuels, les sociétés Hirsch ont été distancées par les syndicats centralisés. D'autre part, parmi celles d'entre elles qui dépassent 10,000 membres, il se manifeste aujourd'hui un esprit plus militant que celui que leur avait inculqué leur fondateur.

Les *syndicats centralisés*, dits autrefois syndicats libres, sont en grande majorité issus du mouvement démocratique socialiste et ne cherchent plus à répudier ce caractère.

Leur constitution remonte, à peu d'exceptions près, à la fin de l'époque de la loi d'exception contre les socialistes ou à quelques années après l'abrogation de cette loi. En fait, ils sont les continuateurs des syndicats fondés en 1868-1869 par les socialistes Lassalliens et par les socialistes internationalistes.

Dans les syndicats centralisés, le syndicat national d'une industrie ou d'un métier déterminés constitue l'unité fondamentale. C'est cette unité qui délègue aux groupes locaux leurs fonctions et leurs droits. C'est à raison de cela que ces groupes ou «branches» portent le nom de «Zahlstelle» (bureau de paiement), dans un grand nombre de syndicats centralisés.

Il faut cependant ajouter que les droits et fonctions des Zahlstellen sont assez étendus et que leur constitution est tout à fait démocratique. Mais c'est toujours à la représentation nationale du syndicat que reste confiée la décision finale à prendre dans les questions importantes. Les syndicats centralisés sont plutôt des corporations et il est inexact de traduire simplement « Verband », comme on le fait souvent, par *fédération*. Mieux vaudrait dire *association*.

Une organisation strictement centraliste a été pendant longtemps imposée aux syndicats en question par l'état du droit d'association en Prusse et dans quelques autres Etats d'Allemagne. Mais elle répond aussi à leur conception théorique du mouvement syndicaliste.

A la fin de 1906, il y avait 66 syndicats centralisés, — « Zentralverbände ». avec un total de 1,689,708 membres.

A tous les points de vue, leur puissance syndicaliste est incontestablement supérieure à celle des autres syndicats allemands. Qu'on se rappelle seulement l'œuvre qu'ils ont

accomplie en matière de statistique, leur cohésion et les aptitudes coopératives qu'ils ont révélées. Voyons maintenant ce
qui regarde la question des secours :

En 1905, les syndicats centralisés payaient à leurs membres
2,79 mark par tête à titre de secours mutuels et 7,55 mark par
tête à titre de secours pour la grève, pour le lock-out et pour
frais de dépense en cas de poursuites. Les secours correspon-
dants des syndicats du type Hirsch ont été de 2.36 et 2.45 mark,
ceux des syndicats chrétiens de 0,92 et 5.32 mark.

Les chiffres de 1906 montrent encore mieux la supériorité
des syndicats centralisés :

	Secours mutuels	Grève, etc.
Syndicats centralisés	2,88	8,61
Syndicats Hirsch	1,88	3,73
Syndicats chrétiens	0,44	3,45

Il a été distribué par tête aux chômeurs involontaires :

	1905	1906
Syndicats centralisés	2.30	2,33
Syndicats Hirsch	1,47	1,17
Syndicats chrétiens	0,11	0,25

J'ajoute entre parenthèses, qu'en matière d'éducation, les
syndicats centralisés ont dépensé, en 1906, près de deux millions de marks, voire 1,594,000 pour leur presse, et 255,000
marks pour des bibliothèques et pour l'organisation de leur
enseignement.

Les syndicats chrétiens fédéralisés sont les plus jeunes des
syndicats allemands. Ils datent des dix dernières années du
XIXe siècle. Ils ont été créés expressément pour préserver les
ouvriers chrétiens catholiques ou protestants contre la propa-
gande social-démocratique, mais ils n'ont pas élaboré un type
nouveau ou spécial de syndicalisme. Ils hésitent entre les
tendances pacifiques des sociétés du type Hirsch et l'esprit
militant des syndicats centralisés. Ils ont à lutter, dans leur
sein, contre l'opposition plus ou moins violente de la majorité
du clergé qui favorise les associations générales d'ouvriers
plutôt que les syndicats et fait ce qu'elle peut pour limiter la
tendance syndicaliste à l'organisation de petits groupes de
métiers qui constituent uniquement des subdivisions des
sociétés ouvrières générales ou mixtes. Les différences confes-
sionnelles entre catholiques et protestants créent d'autres
difficultés qui, dernièrement, se sont encore accrues par l'effet

de l'expulsion du prince de Bülow hors du Centre catholique, donc hors de la majorité dite nationale. Les membres de la confédération des syndicats chrétiens sont, pour la plupart, des ouvriers catholiques et les centres du mouvement sont la Province rhénane et la Westphalie. On y comptait, en 1903, 77,8 % du total des membres de la confédération.

Celle-ci se compose de 19 sociétés syndicales dont les plus importantes sont la société des mineurs (73,452 membres en 1906), le syndicat du bâtiment (36,459 membres), le syndicat des ouvriers des industries textiles (34,581 membres), et le syndicat des ouvriers en métaux (24,744 membres). Ces quatre syndicats sont aussi les organisations les plus militantes du mouvement. Sur 853,000 marks dépensés en 1906 par les 19 sociétés fédérées pour grèves et lock-outs, plus des trois quarts, c'est-à-dire 670,000 marks, ont été dépensés par ces quatres sociétés.

Les organisations et les statuts des syndicats chrétiens font d'eux un type intermédiaire entre les syndicats Hirsch et les syndicats centralisés. Mais on peut déjà se rendre compte qu'ils ne sont pas appelés à un grand avenir. Par le nombre de leurs sociétés et de leurs membres, les syndicats centralisés sont les représentants par excellence du mouvement syndical ouvrier allemand. Leurs adversaires même l'admettent. Derrière eux marchent plus des trois quarts de l'armée syndicale ouvrière allemande. Comme instrument de lutte et comme puissance financière, ils sont supérieurs à tous leurs concurrents.

Ils sont groupés en une grande confédération, représentée par la Generalkommission der Gewerkschaften Deutschlands, dont le siège est à Berlin. Cette confédération a pour secrétaire M. *Karl Legien*, ancien ouvrier tourneur et membre du Reichstag, homme d'une très grande intelligence et d'une persévérance remarquable. Ce sont en majeure partie ses efforts incessants qui ont contribué à la puissance du mouvement. Son président est M. *Döblin*, président de la Société des typographes allemands, syndicat qui groupe plus des trois quarts des membres de la profession. Dans chaque localité, les filiales ou bureaux des syndicats centralisés sont fédérés sous forme d'unions dénommées Gewerkschaftskartelle (cartels syndicalistes).

Il existe aujourd'hui 553 de ces Kartelle, et la statistique pour 1906 constate que les 526 d'entre eux qui ont envoyé leurs rapports, représentaient à la fin de cette année-là 7,390 organisations locales, avec un total de 1,500,292 membres.

Les Kartelle organisent l'agitation locale du mouvement, veillent au placement des ouvriers et à leur assistance dans les grèves et autres conflits locaux. Ils créent des foyers d'instruction générale et parfois professionnelle. Ils ont fondé dans 36 villes des maisons centrales de syndicats (Gewerkschaftshäuser) avec des salles de réunions et des bureaux pour les différentes administrations des filiales syndicales. Ils ont ou fondé ou organisé des hôtelleries centrales.

Une autre de leurs créations consiste dans les bureaux d'information pour ouvriers, bureaux qui sont aujourd'hui au nombre de 183. Un bon tiers de ces bureaux, c'est-à-dire 67, porte le nom de « Secrétariats ouvriers » (Arbeitersekretariate). Ils se composent d'un ou de plusieurs employés qui, moyennant un salaire régulier, ont pour mission de donner aux ouvriers qui le désirent, toutes informations, conseils ou appuis dont ils pourraient avoir besoin pour faire valoir leurs droits, soit en matière d'assurance ouvrière, soit dans leurs différends avec leurs patrons, soit encore dans telles autres circonstances de la vie courante où la connaissance des lois et des institutions protectrices et préventives est nécessaire.

Ces Arbeitersekretariate, création des syndicats, ont, à leur tour, contribué dans une large mesure à l'accroissement et au développement des syndicats. Il en est résulté que d'autres organisations, parmi lesquelles des municipalités, les imitent aujourd'hui, ce qui ne les empêche d'ailleurs pas de croître et de multiplier. En 1906, le nombre des informations fournies par les secrétariats des syndicats centralisés a été de 382,261 ; dans 91,969 cas, les « Arbeitersekretäre » avaient rédigé des requêtes pour les intéressés ou leur avaient fourni d'autres pièces dont ils avaient besoin.

Mais si, aujourd'hui, les syndicats ouvriers sont si forts et si puissants en Allemagne, *les syndicats ou associations patronales* ne le sont pas moins.

Il y a aujourd'hui en Allemagne un pourcentage de patrons organisés supérieur à celui des ouvriers syndiqués. Ces derniers ne représentent guère plus que le tiers de leur classe. Parmi les patrons qui ne le sont pas seulement de nom, plus des deux tiers sont syndiqués.

De plus, les associations patronales sont beaucoup moins fragmentées que les syndicats ouvriers. Le clergé catholique ou protestant qui a tant fait pour créer des syndicats chrétiens ou confessionnels dans la classe ouvrière ne se préoccupe nullement de faire de même chez les patrons. De plus, les associations patronales sont favorisées par la législation, de même que les corps de métiers d'artisans, les « Handwerker Innungen », qui ont pour but d'assurer l'existence des métiers appartenant à la petite industrie et qui jouissent de certains privilèges légaux que n'ont pas les artisans non organisés ; en outre, ils sont souvent patronnés par les autorités lors des distributions de travaux à contrat. C'est ce qui leur permet de se maintenir, bien que leur utilité économique et sociale soit peu appréciable.

L'influence protectrice de la législation concernant les assurances ouvrières sur l'organisation patronale en Allemagne, n'est pas moins grande. Cette législation oblige les patrons à créer, en vue de l'assurance contre les accidents et l'invalidité, des associations d'industries ou de métiers appelées Berufsgenossenschaften. Il existe dans l'industrie proprement dite, 66 Berufsgenossenschaften représentant au total plus de 8 millions d'ouvriers assurés. Le chiffre de 1905 était de 8.195.732 d'ouvriers assurés. On conçoit qu'une fois entrés dans ces associations où ils ont une foule d'intérêts communs vis-à-vis des ouvriers, les chefs d'industrie ont tout ce qu'il faut pour se coaliser rapidement, notamment dans un but de résistance aux ouvriers : c'est ainsi que plusieurs de ces Berufsgenossenschaften sont entrées dans de grandes coalitions ou fédérations patronales généralement appelées *Arbeitgebervereine*.

Enfin, il existe encore, dans le but de favoriser puissamment l'organisation patronale et de la rendre même superflue dans nombre de cas, de grandes associations économiques nommées kartelle ou syndicats industriels. Un syndicat ou kartell qui, comme le syndicat de la houille réunit les 9/10 de toute la production, est admirablement outillé en vue de l'organisation patronale, quand celle-ci semble devenue nécessaire.

La législation a tout fait pour aider à l'organisation patronale, tant par le protectionnisme qui favorise les syndicats et les cartels — à ce point que l'Allemagne est devenue le pays classique de ces organisations, — que par la législation sur les assurances et par la protection accordée aux corps de métiers.

Mais, chose curieuse et bien caractéristique, malgré ce système de favoritisme, on n'est pas encore arrivé en Allemagne à faire de l'organisation patronale un objet de statistique : Il n'y a pas en Allemagne une statistique tant soit peu complète ou tout aux moins régulière, relative aux associations patronales.

Dans l'Annuaire statistique de l'Empire Allemand, le « Statistische Jahrbuch für das deutsche Reich », on trouve mentionnées, année par année, dans la table des matières, les organisations patronales et les organisations ouvrières. Mais si l'on consulte les pages indiquées, on trouve le détail des organisations ouvrières, mais *rien, absolument rien* concernant les organisations *patronales.* Elles existent cependant, on les connait, on les voit à l'œuvre, mais on ne reçoit pas leurs comptes et bilans.

L'une ou l'autre d'entre elles, prise individuellement, publie bien quelques rapports, etc., mais c'est à proprement parler par pure complaisance.

Une enquête confiée par le très respectable Verein für Sozial-Politik à l'un de ses membres, n'a donné que des résultats très incomplets. Ce travail a paru à Leipzig en 1907, chez Duncker et Humblot (Schriften des Vereins für Sozialpolitik, Nº 124). C'est le livre du Dʳ Gerhard *Kessler : Die deutschen Arbeitgeber Verbände* ». M. Kessler s'est adressé à presque toutes les sociétés ou associations patronales connues, mais il n'a pu obtenir que des indications d'ordre très général, telles que le nombre des membres et celui des établissements adhérents. M. Kessler distingue deux types principaux d'associations patronales :

1º Les *sociétés mixtes,* composées de membres ou établissements appartenant à toutes les industries.

2º Les sociétés de *métiers* ou *d'industries particulières.*

Les unes et les autres sont subdivisées en : Sociétés nationales, régionales (départementales) et locales. De sorte que nous avons affaire à six sortes d'organisations patronales.

Nous en donnons quelques exemples :

A. Associations patronales mixtes.

A. *Associations nationales.*

1º Hauptstelle deutscher Arbeitgeberverbände. (Bureau central des sociétés patronales allemandes). Cette association a été fondée en 1904 par la société centrale des industriels allemands, organisation très puissante des protectionnistes allemands. Elle comprenait, en 1905, 51 sociétés et 21 établissements avec un total de 711.829 ouvriers. Elle comprend notamment une société de protection contre les pertes résultant des grèves, société qui comptait 53 sociétés locales ou régionales avec 285.000 ouvriers.

2° Verein deutscher Arbeitgeberverbände. (Association des sociétés patronales allemandes). Cette association, fondée en 1904, est coalisée avec le Bureau précité et comprenait en mars 1906, 20 fédérations composées de 160 sociétés avec 950.000 ouvriers (6 mars 1905 : 300 sociétés avec 1.200.000 ouvriers). Elle a également fondé une société d'assurances contre les pertes résultant des grèves : cette société est appelée Gesellschaft des Vereins deutscher Arbeitgeberverbände zur Entschädigung bei Arbeitseinstellungen, (Union de l'association des sociétés patronales Allemandes pour l'indemnisation en cas de grèves); elle a débuté le 1er juillet 1906 avec 5 sociétés comprenant 285.896 ouvriers ; elle comptait en mai 1907, 14 sociétés. L'association a un journal hebdomadaire, la Deutsche Arbeitgeberzeitung, dont le rédacteur est le Freiherr von Reiswitz ; ce journal avait, en 1906, plus de 15.000 abonnés.

B. — Associations régionales ou provinciales.

J'en signale ci-après quelques unes avec les chiffres que M. Kessler a pu obtenir : je me contente de nommer la région où elles ont leur siège :

1. Unterelbe — Avait au printemps de 1906 :
    3.000 mem. avec 130.000 ouvr.
2. Schleswig   800 membres,   11.000   »
3. Bergische Industriebezirk
(Elberfeld) — Juin 1906 —   379 membres,   50.000 ouvr.
4. Oberruhr (fédéré avec 1)   ?   ?
5. District de Solingen
— Juin 1906 —   205 membres,   10.000   »
5 Hagen et Schwelm   ?   ?
6. Saarindustrie   ?   ?
7. Süddeutsche Arbeitgeberverband fondée en 1906 (Streikentschädigunggesellschaft).

C. — Associations locales.

M. Kessler en énumère 40 environ ; les plus importantes sont :

1° Arbeitgeberverband Hamburg-Altona, fondée en 1890. Elle comptait, au 19 avril 1907, 30 associations, 7.000 membres, 120.000 ouvriers.

2° Cologne — 120 établissements, 40.000 ouvriers.

3° Mannheim-Ludwigshafen, 199 établissements, 4 corporations, 32.000 ouvriers.

B. — Associations Patronales d'industrie ou de métiers.

Pour ne pas trop compliquer le tableau, je me contente d'énumérer les industries, sans faire la subdivision au point de vue de l'étendue géographique des associations :

1º Houille et Hauts Fourneaux : pas d'associations patronales proprement dites, mais seulement des associations d'intérêts généraux.

Houille brune : Association patronale fondée en Juillet 1907.

2º Métaux : A) Arbeitgeberverband des Vereins deutscher Eisen und Stahlindustrie. (Ses groupes adhèrent au Bureau I).

B) Gesamtverband deutscher Metallindustrieller (La plus grande et la plus militante des sociétés patronales allemandes, fondée en 1890). Elle comprenait en 1903 : 28 associations régionales, 2,452 membres, 292.786 ouvriers, et en août 1906 : 38 associations régionales, 431.000 ouvriers. Elle a fondé : la Gesellschaft des Gesamtverbands deutscher Metallindustrie zur Entschädigung bei Arbeiteinstellungen 1901, qui comprend 1.048 firmes, 160.000 ouvriers.

3º Arbeitgeberschutzverband für die deutsche Wagenbaugewerbe, fondée en 1907 (carrossiers). La section de Berlin avait 263 membres avec 1.700 ouvriers.

4º Arbeitgeberverband der Kinderwagenfabrikanten (voitures d'enfants).

5º Freie Vereinigung der Pianofortefabrikanten Berlin : 90 firmes, 4.450 ouvriers (en province elles se rattachent à la fédération du bois).

6. Industrie chimique : 2 associations, 57 établissements, 18,000 ouvriers.

7. Pierre, Fer, Verre : la plupart sont des sociétés locales. Poëles de faïence : 170 établissements, 800 ouvriers.

Bouteilles : 37 établisements, 8.033 ouvriers.

8º Industrie textile : Grosser Arbeitgeberverband der deutschen Textilindustrie, affilié au Bureau central (voir plus haut), fondé en 1904 ; groupe au moins 100.000 ouvriers.

9º Vêtements :

A) Tailleurs, 1906 : 2.000 maîtres, 24.000 ouvriers. Bien organisée, possède une caisse de grève.

B) Bottes et tiges de bottes ; (Verband deutscher Schuh- und Schäftefabrikanten, société économique et patronale à tendances plutôt pacifiques. En 1903 elle comptait 11 filiales, 347 établissements avec 24.751 ouvriers ; en 1904 : 16 filiales, 421 établissements avec environ 40.000 ouvriers.

10° Papiers et reliures (Verband deutscher Buchbindereibesitzer) ; 1903 : 84 membres, 5.800 ouvriers.

11° Bois, etc. : Arbeitgeberschutzverband für das deutsche Holzgewerbe, fondée en 1906. Comptait en 1907 : 78 filiales locales et régionales dans plus de 250 villes, possède une Streikentschädigungsgesellschaft. (Société d'assurance contre la grève).

12° Alimentation A) Arbeitgeberschutzverband für die Bäckerei. Comptait en 1906 : 41 filiales, paie des secours de grève.

B). Schutzverband für Brauerei, 1906 : 30 filiales, 608 brasseries.

C). Deutsche Tabakverein : la statistique manque.

13° Industries polygraphiques : A) Deutscher Buchdruckerverein. Avait en 1907 : 4.083 membres, 42.000 ouvriers.

B) Arbeitgeberverband für das Buchdruckergewerbe ; 1907 : 143 firmes, 2.000 ouvriers.

C) Verband der Schriftgiessereiberitzer (fondeurs de caractères) : 37 établissements (la presque totalité).

D) Schutzverband der Steindruckereiberitzer (lithographie) : environ 600 membres (la statistique manque).

E) Fédération des établissements chimicographiques : 90 à 100 établissements (la presque totalité).

14° Bâtiment : Deutscher Arbeitgeberverband für das Baugewerbe, fondée en 1899 : Elle comptait en 1900 — 67 sociétés avec 2.859 membres, et en 1907 — 277 sociétés avec 13,000 membres. Cette association est très forte et très militante. Il existe des fédérations locales de tous les métiers du bâtiment, même des fournisseurs.

15° Transports : Zentralverein deutscher Reeder — Association formidable, comprenant les grands armateurs de Hambourg, Brême, etc.

Il est encore un grand nombre d'autres industries pour lesquelles il est difficile de donner des renseignements exacts et d'indiquer à quelles organisations elles donnent lieu. Citons : les sculpteurs, les couvreurs, les peintres, les verriers, les tapissiers, les hôteliers, les aubergistes, etc. Somme toute, il n'y a presqu'aucun métier en Allemagne dont les patrons ne soient organisés de l'une ou de l'autre manière.

Aujourd'hui, plus des deux tiers des patrons, je le répète, font partie d'associations patronales de résistance contre les ouvriers. La tendance à organiser des associations d'industrie ou de métiers, avec fédération et assurance, est absolument générale. Aussi les associations possèdent-elles une puissance formidable. Politiquement, elles jouissent de la plus grande indépendance, et nos ministres s'inclinent humblement devant elles : Il est vrai que les syndicats ouvriers, grâce à leur force grandissante commencent à être respectés aussi malgré leurs tendances *subversives*.

Telle est, dans son ensemble, la situation des organisations économiques qui ont rapport à la Grève.

Deuxième Conférence.

Le droit de grève en Allemagne.

Le peu de temps dont je dispose me force à négliger l'histoire du droit de coalition en Allemagne pour m'en tenir uniquement à l'état actuel de la législation. Le droit de coalition tel qu'il existe actuellement en Allemagne, date de 1869, c'est-à-dire de l'époque de la Confédération de l'Allemagne du Nord. Le premier et unique parlement législatif de cette confédération, le Norddeutsche Reichstag, élu en Août 1867, créa en 1869 un statut industriel — *la Gewerbeordnung* — qui, après la fondation, en 1871, de l'Empire allemand, ne tarda pas à avoir force force de loi pour l'Allemagne entière.

Ce statut abolit toutes les lois et édits prohibant les coalitions d'ouvriers et employés de l'industrie. Exception fut faite pour les domestiques et les ouvriers agricoles. Le soin de la législation les concernant fut laissé aux différents Etats de l'Empire. C'est pourquoi, en Prusse, leur situation légale est encore réglée par la loi du 14 avril 1854, œuvre de la réaction victorieuse après la révolution de 1848. Cette loi ne vise pas même à être équitable envers les deux parties. Elle interdit les coalitions de domestiques, manœuvres et ouvriers agricoles et édicte des peines assez sévères pour les contrevenants, tout en gardant un silence absolu relativement aux coalitions et conventions patronales. En fait, ce silence de la loi est sans importance, attendu que les coalitions patronales ne sont jamais atteintes par la loi, qu'elle les ait ou non en vue. Ce silence caractérise néanmoins l'esprit du législateur. Tous les efforts faits en vue de l'abolition de cette loi d'exception contre les ouvriers agricoles ont été vains jusqu'ici : elle se maintient grâce à l'appui que lui prête le suffrage prussien des trois classes.

Quant au statut — devenu statut de l'Empire — qui régit l'industrie et les métiers — la Gewerbeordnung für das Deutsche Reich — les articles qui traitent des coalitions ouvrières sont les articles 152 et 153.

Le premier, l'article 152, dit :

> « Sont abolies toutes les interdictions et édits portant
> » des peines, dirigés contre les industriels, les employés
> » d'industrie, les apprentis ou les ouvriers de fabrique
> » qui auront fait des conventions ou coalitions, en vue
> » d'obtenir des conditions plus favorables de salaire et de
> » travail, notamment en recourant à la cessation du tra-
> » vail ou au renvoi des ouvriers.

> » Chaque participant est libre de se dégager de ces
> » associations et conventions et il n'y a lieu de ce chef
> » à aucune action ni à aucune exception ».

Nous constatons qu'il y a, dans cette législation, égalité parfaite dans la forme ; d'autre part, la jurisprudence a maintenu cette égalité jusqu'à un certain point. Mais, à plusieurs points de vue, on a pu constater que dans l'application, l'égalité juridique de forme ne garantit pas par elle seule l'égalité juridique de fait. L'article ne parle que des coalitions concernant les conditions de travail, mais il ne s'étend pas aux associations et sociétés en général qui, jusqu'ici, ont été soumises en Allemagne aux lois particulières de chaque État. Or, ces lois interdisaient — en Prusse, en Saxe et dans d'autres États, — aux associations ou sociétés s'occupant de questions politiques, d'entrer, de quelque façon que ce soit, en relation les unes avec les autres, et, pendant de longues années, les syndicats ouvriers furent, par suite de cette interdiction, sujets à des tracasseries et à des poursuites parfois très vexatoires.

La discussion d'une loi sur les heures de travail fut même un jour qualifiée de préoccupation politique et elle eut pour conséquence la dissolution du syndicat intéressé et la condamnation de son comité. Cela se passait cependant à une époque où les coalitions patronales pouvaient impunément s'occuper de questions incontestablement politiques. Enfin, en 1899, fut votée et promulguée une loi impériale disant que les associations indigènes de toute espèce sont autorisées à entrer en en rapport les unes avec les autres et que les prescriptions des Etats qui s'y opposent sont abolies. (Loi du 11 Décembre 1899 : Cette loi est, jusqu'à un certain point l'œuvre du troisième chancelier de l'empire, le prince de Hohenlohe). Toute inégalité n'était pas encore abolie. Une autre question était soulevée : celle qui est visée par la disposition de l'article 152 concernant le droit de se retirer d'une coalition.

Les patrons déposent des chèques à titre d'amendes contractuelles en cas de contravention à leurs engagements. Les coalitions ouvrières ne peuvent demander de chèques à leurs membres. Elles sont donc dans une situation plus difficile vis-à-vis d'eux. La loi, la police et la jurisprudence protègent, en effet, contre elles, ceux qui violent les règles de la solidarité et manquent à leur parole. Les non-grévistes, les non-associés, les non-syndiqués sont ainsi les enfants gâtés de la législation, de la police et de la jurisprudence. C'est ici qu'intervient l'article 153 du statut industriel :

> «Sera puni d'un emprisonnement qui pourra aller jusqu'à
> » trois mois, si le code pénal ne prévoit pas de peine plus
> » sévère, celui qui, par contrainte corporelle, par mena-
> » ces, par injures (Ehrverletzung) ou par une mise en
> » interdit, détermine ou essaie de déterminer autrui
> » à concourir ou à adhérer à semblables conventions,
> » ou celui qui par des moyens semblables, empêche ou
> » essaie d'empêcher autrui de se retirer de pareilles
> » conventions. »

Cet article est, en fait, dirigé exclusivement contre les coalitions ouvrières ou les ouvriers grévistes. A ma connaissance, dans un seul cas un patron aurait été poursuivi pour contravention à l'article 153. Et il fut acquitté en appel! Aussi les commentaires de la Gewerbeordnung relatifs à l'article 153 parlent-ils toujours des ouvriers grévistes et des associations ouvrières. C'est, entre autres, le cas pour le Grand Commentaire de Robert von Landmann, continué par le conseiller Dr G. Rohmer, (2 volumes, 4e édition, Munich 1903), commentaire qui a une très grande autorité auprès de nos cours de justice. On y lit à la page 504, au sujet de l'article 153 :

« La loi entend protéger surtout le libre arbitre des travail-
» leurs qui ne veulent pas prendre part à une coalition, contre
» une contrainte venant de la part de leurs camarades et tout

» particulièrement contre l'emploi de moyens illégaux pour les
» déterminer à une adhésion ».

Il s'agit donc nettement de la protection de ceux pour lesquels
les ouvriers des différents pays ont imaginé les sobriquets de
« Scabs », « Blacklegs » « Sarrasin », « Streikbrecher » ou
« Rauhbeine ». La langue officielle les appelle aujourd'hui
« Arbeitswillige », ceux qui sont prêts au travail. Or, dans la
grande majorité des cas, l'Arbeitwillig est celui qui en matière
d'améliorations sociales, prétend récolter sans labourer, ni
semer. C'est un bourgeois, sans l'argent, c'est un faux frère.

L'analyse du soi-disant contrat de travail individuel montre
que, dans l'industrie moderne, ce n'est pas, du côté de l'ouvrier, un véritable contrat, mais bien l'acceptation d'une situation réglée d'avance sans son intervention : un véritable contrat
de travail ne peut exister effectivement que lorsque les ouvriers
peuvent agir comme collectivité. C'est ce que les ouvriers comprennent par instinct : de là leur mépris et leur haine pour les
non-grévistes et les travailleurs non-organisés ; c'est un senti-
ment bien compréhensible et parfaitement justifié ; on devrait
même le considérer comme circonstance atténuante en cas de
contravention à l'article 153. Beaucoup d'économistes et de sociologues bourgeois s'en sont rendu compte. Je puis citer comme
exemple feu le D^r von Rottenburg, ancien conseiller de Bis-
marck et curateur de l'université de Bonn ; mais devant les
cours de justice, on pratique le système contraire. L'ouvrier
organisé et gréviste y est suspect. Les non-organisés et les
non-grévistes y sont favorisés, respectés et considérés comme
des êtres supérieurs, à la peau tendre et délicate. Ecoutez ce que
dit Landmann, au mot *menace* : « Pour constituer le délit prévu
» par l'article 153, il suffit de la menace d'un mal, quelles que
» soient la forme de la menace et » la nature du mal » (page 505).

« Dans le cas de l'art. 153, continue Landmann, le caractère
criminel de la menace « *ne dépend pas de l'illégalité du mal
annoncé* ». La menace de mettre en circulation une lettre de
change déposée par l'ouvrier menacé, à titre de garantie de sa
persévérance dans la *grève* « suffit pour constituer la criminalité ».

Il n'est même « pas nécessaire que l'auteur soit en état de
réaliser sa menace ou *que l'ouvrier menacé ait à craindre ou
non l'éventualité du mal dont il est menacé.* » Le délit est établi
par cela seul qu'une influence ou qu'une tentative d'influence a
été exercée avec menace sur la volonté d'autrui.

Vous voyez combien les tribunaux sont soucieux de la liberté,

quand il s'agit de la liberté de se soumettre à la dictature du
capital. Il en est de même en ce qui regarde l'honneur des
Arbeitwillige. Landmann dit, à cet égard, au mot : *injure* :
« Est considérée comme injure toute insulte d'un genre quel-
» conque. Il suffit même d'une atteinte à l'honneur prononcée
» sous une forme conditionnelle ». C'est dire que la simple
phrase : « Si tu fais cela, je te regarderai comme un coquin »
constitue une injure punissable — si elle a été prononcée à
l'occasion d'une grève. Il a été établi par la jurisprudence que
le simple mot : « Streikbrecher » (rompeur de grève) « porte
atteinte à l'honneur ». Quelle contradiction de la part de ceux
qui protègent avec tant de soin la liberté de « rompre la grève »!

Aux mots : *mise en interdit*, Landmann dit : Pour consti-
» tuer une mise en interdit, une forme objectivement injurieuse
» ou l'annonce de faits de nature à discréditer la personne visée
» n'est pas nécessaire. »

» Il suffit de toute expression ayant pour but de représenter
» aux yeux d'autres personnes la personne visée comme indi-
» gne, c'est-à-dire comme une personne dont la réputation est
» inférieure à celle de ses égaux, ou d'une expression ayant
» pour but de discréditer quelqu'un dans un cercle plus ou
» moins restreint en le représentant comme indigne de rela-
» tions ou de commerce. Il n'est pas nécessaire que la déclara-
» tion contienne les mots : « mise en interdit ».

« Une mise en interdit *éventuelle* suffit même pour constituer la criminalité ».

Telle est la conception des juges. Mais lorsque des non-
grévistes insultent ou même maltraitent des grévistes, on
entend soutenir devant les cours que la peau des ouvriers
n'est pas très délicate et que les insultes ou les violences
dont ils sont victimes, doivent être jugées avec indulgence.
Landmann ajoute, à l'endroit cité, que le maximum de trois
mois est *très peu élevé*, qu'il faut tenir compte de ce qu'à raison
de l'excitation à la grève, des intérêts publics peuvent être
atteints et que les *agitateurs de profession* devraient être frap-
pés plus sévèrement. Et il fait observer que si l'article 153
ne suffit pas, on peut avoir recours aux articles suivants du
code pénal :

110. -- Excitations à désobéir à la loi.

123 & 124. — Troubles apportés à la paix domestique.

125. — Troubles apportés à la paix publique.

126. — Menace d'un crime (danger public).

127. — Attroupements armés.
130. — Excitations à la violence.
185 & 187. — Injures et calomnies.
240 & 241. — Contrainte.
253 & 254. — Exactions (extorsions).

Malgré toutes ces armes, on a essayé, à plusieurs reprises, de rendre l'article 153 plus sévère encore. Les deux dernières tentatives ent eu lieu en 1891 et en 1899 ; elles rencontrèrent non seulement l'opposition unanime des organisations ouvrières, mais aussi celle de la grande majorité des sociologues bourgeois et elles ne parvinrent pas à réunir une majorité au Reichstag.

A l'occasion de la dernière tentative, provoquée par le fameux discours de Oeynhausen, dans lequel l'empereur Guillaume II menaçait les contrevenants de la peine des travaux forcés et de la réclusion, Brentano fut parmi ceux qui élevèrent la voix contre cette mesure injustifiable. Le célèbre économiste montra que la loi était déjà appliquée par les tribunaux avec une telle partialité, que les deux articles en question pouvaient se résumer ainsi :

Article 152. — Les coalitions ouvrières et les grèves sont permises.

Article 153. — L'usage des droits dont parle l'article précédent constitue un délit.

Que ceux qui croient à l'exagération, lisent le livre de Karl Legien : « Das Koalitionsrecht der deutschen Arbeiter in Theorie und Praxis, Denkschrift der Generalkommission der Gewerkschaften Deutschlands ». On y trouvera une liste interminable de cas où la loi fut appliquée avec une partialité révoltante contre les ouvriers grévistes et les chefs des syndicats. Les patrons font circuler impunément leurs listes noires ; ils peuvent s'assurer contre la mise à l'index par des lettres de change : et il n'y a ni procureur ni juge pour agir contre eux ! Mais, à l'égard de l'ouvrier qui ne dispose pas de moyens semblables contre les faux frères de sa classe, il suffit parfois d'un mot un peu grossier ou d'une simple admonition pour qu'on l'envoie en prison.

D'après une statistique faite sur 109 cas soumis à la justice, dans les neufs premiers mois de l'année 1898, il y eut 229 personnes condamnées à un ensemble de : 29 ans 4 mois et 19 jours de prison, 43 semaines de détention, 861 mark d'amende, sans parler des frais et dépens. Bien entendu, je ne veux pas laisser entendre que dans tous ces cas, il ne s'était commis aucun acte répréhensible, ni que les juges aient toujours eu conscience que leur justice était une justice de classe. Dans bien des cas, cependant, l'esprit de classe ou plutôt la haine de classe transparaît dans leurs jugements. D'ailleurs, bien souvent c'est uniquement l'incapacité de comprendre la situation et l'esprit des ouvriers qui détermine les jugements de classe.

Les hommes nés et élevés dans la bourgeoisie ne se rendent pas compte de la répugnance générale de la classe des salariés pour celui qui prend le travail, c'est à dire le pain d'autrui. La conception de la grève par les ouvriers est telle qu'ils la considèrent comme une interruption plutôt que comme une rupture de leurs engagements. Conception très naturelle, si l'on considère le caractère réel, — tel que nous l'avons déterminé plus haut, — de ce qu'on se plait à appeler le contrat de travail. Pour ces diverses raisons, les ouvriers se montent la tête : c'est ce qui devrait être pris en considération par le juge, quand ils sont poursuivis pour s'être servis d'expressions grossières ou menaçantes.

Il faut donc tenir compte de ce que le droit de coalition a plutôt besoin d'être protégé contre la tendance en vertu de laquelle on en a fait un droit véritablement dérisoire. J'ai parlé plus haut du chiffre des condamnations prononcées au cours des neufs premiers mois d'une année déjà plus ou moins éloignée de nous. Si je prends les journaux de la semaine dernière, je constate que je possède, rien que pour une semaine, dix coupures relatives à des condamnations pour contraventions à l'article 153.

Nous avons donc vu quelle est la situation légale de la grève en Allemagne. Voyons maintenant quels ont été, — étant donné la jurisprudence règnante et les puissantes organisations patronales, — les résultats des grèves.

Troisième Conférence.

Causes et objet
des Grèves et des Lock-outs.

Jusqu'à présent nous ne nous sommes pour ainsi dire
occupés que de l'aspect extérieur des grèves. De plus en plus,
nous aurons à envisager, dans la suite, leur aspect intérieur.

Faisons tout d'abord, à cet effet, la distinction entre les
grèves proprement dites, c'est-à-dire les conflits comportant
cessation travail de la part des ouvriers, et les lock-outs ou
renvois temporaires ou conditionnels des ouvriers. Pour les
années qui vont de 1899 à 1906, la statistique impériale nous
donne une énumération très instructive à cet égard : La proportion entre les renvois ou exclusions d'ouvriers et le nombre
total des conflits comportant cessation de travail est établi
par le tableau suivant :

	Grèves achevées	Lock-out achevés	% des Lock-outs par rapport aux grèves
1899	1.288	23	1,75
1900	1,433	35	2,4
1901	1,056	35	3,3
1902	1.060	46	4,3
1903	1,374	70	5,1
1904	1,810	120	6,42
1905	2,403	254	10,57
Moyenne de 1899/1905	1498	83	5,54
1906	3328	298	8,98

Les lock-outs se multiplient, en même temps que les grèves, comme nous l'avons vu précédemment. On peut même dire qu'aujourd'hui, ils se multiplient dans une plus grande proportion. Leur nombre relatif s'élève comme leur nombre total. La proportion était de 1,75 pour cent de lock-outs par rapport aux grèves, à la fin du siècle dernier. Elle s'est élevée depuis jusqu'à 8,96, c'est-à-dire, en chiffres ronds, de 2 % à 9 %. D'après la statistique des syndicats, les pourcentages sont encore plus élevés. Voici les chiffres pour les années qui vont de 1901 à 1906 :

	Grèves	Lock-out	% des Lock-outs par rapport aux grèves
1901	692	35	4,8
1902	805	56	6,5
1903	1200	82	6,4
1904	1513	112	6,8
1905	2070	253	10,9
1906	3313	421	11,3

Cette augmentation du nombre des lock-outs met bien en relief les conséquences de l'expansion des associations patronales dont je parlais dans la conférence précédente. Le pourcentage est encore plus grand, si l'on ne considère pas le nombre des lock-outs et grèves, mais le nombre d'établissements et le nombre d'ouvriers atteints par les lock-outs. La statistique impériale donne, dans cet ordre d'idées, les proportions suivantes :

STATISTIQUE IMPÉRIALE DES ÉTABLISSEMENTS ATTEINTS			
	Grèves	Lock-out	% des lock-outs sur l'ensemble.
1899	7,121	427	5,7
1900	7.740	607	7,3
1901	4,561	238	4,9
1902	3,437	948	21,6
1903	7,000	1.714	19,7
1904	10.321	1.115	9,8
1905	14.481	3.859	21
1906	16,246	2,780	14,6

STATISTIQUE IMPÉRIALE DES OUVRIERS ATTEINTS			
	Grévistes	Exclus ou lockoutés	% de l'ensemble
1899	99,338	5,298	5,1
1900	122,803	9,085	7
1901	55,262	5,414	8,9
1902	53,912	10,305	16,1
1903	85,603	35,273	29,2
1904	113,480	23,760	17,3
1905	408,145	118,665	22,5
1906	272,218	77,109	28,1

D'après la statistique syndicale, les chiffres des ouvriers intéressés sont, pour la même période :

STATISTIQUE SYNDICALE DES OUVRIERS ATTEINTS			
	Grévistes	Exclus	% de l'ensemble
1901	40,062	8,460	17,4
1902	48,922	5,891	10,7
1903	75,830	45.663	37,6
1904	104,555	31,402	23,1
1905	363,917	144,047	28,3
1906	222,686	93,396	29,5

Pour les ouvriers lockoutés, la proportion la plus élevée que l'on rencontre dans la statistique syndicale est de 37.6, c'est-à-dire que, d'après cette statistique, il y a eu, en 1903, 3 lockoutés pour 5 grévistes.

La statistique impériale qui appelle souvent grève ce que la statistique syndicale appelle lock-out, arrive également, pour 1903, en ce qui concerne les lockoutés, à un pourcentage très élevé : 29.2 sur l'ensemble des chômeurs, soit 3 lockoutés pour 7 grévistes. Je publie ci-dessous, d'après la statistique officielle, le dénombrement des lock-outs qui ont eu lieu sous l'influence des organisations ou syndicats patronaux. Voici les chiffres fournis :

	INFLUENCE DES ASSOCIATIONS PATRONALES			
	AVEC		SANS	
1899	11	47,8 °/₀	12	52,2 %
1900	16	45,7 »	19	54,3 »
1901	12	34,3 »	23	65,7 »
1902	14	30,4 »	32	69,6 »
1903	31	44.3 »	39	55,9 »
1904	61	50,8 »	59	49,2 »
1905	188	74,0 »	66	26,0 »
1899/1905 =	47	56,5 %	36	43,4 %
1906 =	195	65,4 »	103	34,6 »

Si l'on prend une moyenne pour le période de sept ans comprise entre 1899 et 1905, 56,5 % des lock-outs furent déclarés sous l'influence des associations patronales. Pour 1906, la proportion est encore plus élevée : elle est de 65.4 %. Nous voyons ainsi se manifester l'influence des associations et les effets provocateurs d'une politique menée par les « Scharfmacher », avocats d'une politique hautaine et belliqueuse.

Laissons maintenant de côté la question controversée des lock-outs. Nous avons vu quelles divergences existent entre l'appréciation ouvrière ou syndicale et l'appréciation patronale ou policière, sur le point de savoir s'il y a eu grève ou lockout. Nous devons porter maintenant notre attention sur une distinction beaucoup moins controversée et d'ailleurs beaucoup plus importante. Cette distinction qui va nous mener directement à notre sujet : les causes et l'objet des grèves, est celle qui existe entre *les grèves offensives* et *les grèves défensives*. A cette fin, je me servirai de la statistique syndicale qui, à ce point de vue, est au-dessus de tout soupçon de partialité.

Elle donne pour la période qui va de 1900 à 1906 les chiffres suivants :

	GRÈVES OFFENSIVES	GRÈVES DÉFENSIVES	% de ces dernières sur l'ensemble
1900	514	292	36,22
1901	291	401	57,95
1902	289	516	64.1
1903	603	597	49,75
1904	886	627	41,44
1905	1261	809	39,08
1906	2265	1048	31,63

A deux reprises, les grèves défensives ont été plus nombreuses que les grèves offensives : ce fut au cours des années 1901 et 1902 : Les pourcentages s'élevèrent alors à 58 et 64. Ç'avaient été deux années de dépression commerciale, comme on le sait. En 1903, les affaires se relèvent et nous assistons à une répartition presque égale du nombre des grèves offensives et des grèves défensives : 603 grèves offensives et 597 grèves défensives. Plus les affaires prospèrent, plus le chiffre des grèves offensives laisse derrière lui celui des grèves défensives. Ces dernières, cependant, se multiplient d'une manière fort sensible. Je vais lire deux chiffres : Vers la fin de la crise, en 1902, les grèves défensives sont au nombre de 516 ; en 1906, année de grande prospérité, elles sont au nombre de 1.048. Le taux de la proportion change quand on considère le nombre des grévistes et non celui des grèves :

	GRÈVES OFFENSIVES — Grévistes	GRÈVES DÉFENSIVES — Grévistes	Proportion des grévistes, dans les grèves d' offensives, sur l'ensemble des grévistes
1900	86,786	14,295	14,3 %
1901	22,761	17,301	43,3 »
1902	32,659	16,263	33,3 »
1903	53,763	22,067	29,1 »
1904	81,427	23,128	22,1 »
1905	333,238	30,679	8,4 »
1906	169,533	35,515	17,3 »

Comme vous le voyez, les chiffres sont toujours moins élevés dans cette série que dans l'autre. Pendant la période qui nous occupe, le total des participants aux grèves défensives n'a jamais dépassé celui des participants aux grèves offensives et les chiffres se modifient d'année à année.

En 1901, le nombre des grévistes défensifs se rapproche de celui des grévistes offensifs. Mais à partir de cette année, la proportion de ces derniers augmente de plus en plus, et en 1906, les ouvriers faisant grève défensive ne représentent que le 1/6 de l'ensemble des grévistes. L'année 1905 a donné une proportion encore moindre : elle est de 1/12, mais elle provient de la grande grève des mineurs qui eut lieu cette année-là et qui comptait plus de 200.000 participants, nombre tout-à-fait exceptionnel. L'infériorité générale du nombre des grévistes défensifs s'explique tout naturellement si l'on examine la question de plus près :

D'une part, quand les patrons interviennent en grand nombre pour prendre une mesure quelconque à laquelle les ouvriers sont opposés, c'est plutôt un lock-out qu'une grève défensive qui en résulte aujourd'hui. Au cours des sept années qui vont de 1899 à 1905, la moyenne des ouvriers lockoutés a été, d'après la statistique impériale, de 250 par lock-out ; celle des ouvriers participants à une grève défensive, a été, pendant la même période, de 50 seulement par grève.

D'autre part, dans les grèves offensives, il arrive généralement que tous les membres d'une organisation syndicale se liguent contre les patrons, entraînant avec eux de nombreux ouvriers qui jusqu'alors n'étaient pas organisés. Dans les grèves défensives, on a presque toujours affaire à un nombre restreint d'ouvriers qui s'opposent à une mesure quelconque. La grève offensive a une tendance à devenir de plus en plus une grève générale. La grève défensive se caractérise encore, dans la majorité des cas, par le fait qu'elle est localisée ou qu'elle n'atteint que des établissement isolés. Telles sont les raisons pour lesquelles le nombre des grévistes défensifs est beaucoup moindre que celui des grévistes offensifs.

La période dont nous nous sommes occupés est, à partir de l'année 1903, une période de prospérité croissante. Or, quand les affaires vont bien, la grande masse des patrons n'est guère disposée à prendre des mesures de nature à amener des grèves défensives. Nous voici enfin amenés à examiner les *causes et l'objet des grèves*. A cet égard, vous trouverez, dans l'Annuaire statistique de l'Empire allemand pour 1907, un tableau divisé en trois grands groupes : grèves pour le *salaire*, grèves pour la *durée du travail*, grèves pour *d'autres causes*. Ce tableau donne, pour les années 1901 à 1906, les chiffres suivants : (je fais remarquer que les grèves par lesquelles les ouvriers demandaient en même temps une augmentation de salaire et une diminution des heures de travail, sont énumérées à la fois dans la liste des grèves pour le salaire et dans celle des grèves pour les heures de travail) :

	GRÈVES POUR SALAIRE	GRÈVES POUR LA DURÉE DU TRAVAIL	GRÈVES POUR D'AUTRES CAUSES
1901	868	249	586
1902	796	222	564
1903	1,247	372	925
1904	1,779	614	1,359
1905	2,451	849	1,744
1906	3,386	1284	2,201
Total	10,527	3,590	7,379

Les grèves pour le salaire viennent toujours au premier rang. Il n'y a pas eu d'année où leur nombre n'ait été au moins ou presque égal à celui des autres grèves prises toutes ensemble. La statistique impériale ne fournit pas de documentation particulière sur les grèves dans lesquelles le différend porta sur un objet unique, mais nous trouvons ces renseignements dans la statistique des syndicats, laquelle porte notamment sur les 2.045 grèves offensives qui eurent lieu en 1906 dans un but bien spécial :

A. Grèves offensives.

Augmentation de salaire	Durée du travail et augmentation de salaire	Diminution du temps de travail
919	832	53

Renvoi de personnes antipathiques aux ouvriers, supérieurs antipathiques	Autres demandes
48	193

B. Grèves défensives.

Diminution de salaire	Pour revendication en matière de salaire et de conditions du travail	Contre l'augmentation de la durée du travail
322	136	41

Contre mauvais traitements	Autres objets
33	482

Sur un ensemble de 3.059 grèves, 1.241 ont eu pour unique cause la question du salaire, et 968 autres ont eu pour cause la question du salaire jointe à d'autres questions. La question du salaire joue donc le rôle de cause dans 2.209 grèves sur 3,059, c'est-à-dire que presque les trois-quarts des grèves se produisent pour des questions de salaire. La question des heures de travail, prise isolément, n'a causé que 94 grèves. Si nous y ajoutons les 832 grèves où elle se confond avec la question des salaires, nous restons toujours *au dessous du tiers de l'ensemble* des grèves. Les grèves figurant sous la rubrique « autres causes » sont celles relatives aux droits personnels de l'ouvrier, à sa dignité et aux droits de la classe ouvrière en général.

Ici c'est plutôt la statistique impériale qui nous donne les indications les plus détaillées. Se basant sur la statistique impériale, le Dr Max Mayer, a publié, dans son ouvrage cité, page 64, un tableau très intéressant : Il indique 16 causes différentes pour les grèves qui ont eu lieu au cours de cinq années, de 1901 à 1905. En voici l'énumération : maintien du salaire existant, augmentation du salaire, autres questions relatives au salaire, maintien de la durée du travail existante, diminution de la durée du travail, autres questions relatives à la durée du travail, réembauchage des ouvriers renvoyés, renvoi ou non-réembauchage des ouvriers non organisés, renvoi des chefs, renvoi ou non-réembauchage des ouvriers qui ont cessé de faire grève, amélioration du sort des ouvriers, renvoi pour injures, reconnaissance des comités de fabrique, de la commission des salaires et de la commission de surveillance, reconnaissance du droit de coalition, introduction ou modification d'un règlement de travail, protection contre les abus dont les ouvriers sont victimes, règlementation de l'apprentissage.

En me plaçant au point de vue déjà exposé, j'ai établi, parmi les causes de grèves, quatre grands groupes, à savoir :

Salaires,
Durée du travail,
Droits et dignité personnelle de l'ouvrier,
Droit de coalition ouvrière.

Nous arrivons, pour ces quatre groupes, aux chiffres suivants qui portent sur l'ensemble des grèves ou plutôt des cas de grèves qui se sont produits au cours de la période en question :

CAUSES ou OBJETS DES GRÈVES	GRÈVES	POURCENTS DES GRÈVES
Salaires	8,539	64,2 %
Durée du travail	2.315	17,4 »
Droits et dignité personnelle .	1,748	13,2 »
Droits de coalition	698	5,2 »
	13,300	100, %

Nous arrivons à des pourcentages tout autres en ce qui concerne le nombre des grévistes engagés dans les grèves :

CAUSES ou OBJETS DES GRÈVES	GRÉVISTES	POURCENT DES GRÉVISTES
Salaires	956.447	37,4 %
Durée du travail	671,493	26,3 »
Droits et dignité personnelle .	649,082	25,4 »
Droits de coalition	277.849	10,9 »
	2.554.871	100. %

La proportion des grévistes qui ont cessé le travail pour des questions relatives à la durée du travail, aux droits de l'ouvrier et au droit de coalition, est beaucoup plus grande que celle des grèves qui se sont produites pour ces différentes causes. Je vais vous expliquer quelles sont, à mon avis, les raisons de cette différence :

Le salaire est très souvent une question qui n'intéresse qu'un établissement ou un nombre restreint d'établissements ou d'ouvriers : c'est pourquoi, en général, la moyenne des grévistes est, dans ce cas, comparativement faible. Au contraire, la durée du travail est presque toujours une question commune à un grand nombre d'ouvriers. Le nombre moyen des grévistes pour le salaire est, dans cette statistique, de 120 par grève, tandis que le nombre moyen des grévistes pour la durée du travail est à peu près de 300 par grève. Il est en effet rare aujourd'hui qu'en ce qui concerne les heures de travail, une usine isolée soit seule intéressée. Il s'agit le plus souvent de fixer une règle pour toute la localité, la province et même le pays entier. Mais, une fois la durée du travail fixée, elle est sujette à beaucoup moins de fluctuations que le salaire. C'est là un fait parfaitement connu et qui se démontre clairement par la comparaison entre le nombre des grèves et le nombre des grévistes pour le maintien des salaires et celui des grévistes pour la durée du travail.

Je vous ai déjà montré que le nombre des grèves dirigées contre une augmentation des heures de travail est beaucoup plus faible que celui des grèves pour la question du salaire. Dans la période comprise entre 1901 et 1905, il y a eu, d'après Maximilien Mayer, 579 grèves pour le maintien du salaire et seulement 58 pour le maintien des heures de travail. D'autre part, 26,000 ouvriers se sont mis en grève pour le maintien du salaire et 6,500 pour le maintien de la durée du travail. Les grèves pour la durée du travail englobent donc relativement un plus grand nombre d'ouvriers que les grèves pour le salaire. Dans les autres groupes, un chiffre intéressant à relever est celui du nombre des grèves pour le *réembauchage d'ouvriers renvoyés*. Il n'y en a pas eu moins de 1,136: ajoutées aux grèves pour des griefs analogues, elles donnent un total de 1,303 grèves de solidarité pour des camarades réprimandés.

Les 698 grèves faites en vue de reconnaissance du *droit de coalition*, c'est-à-dire en vue de la reconnaissance des comités ouvriers de fabrique, des commissions ouvrières des salaires, des commissions ouvrières de surveillance, etc., exigent une explication spéciale.

En Allemagne, les patrons sont généralement hostiles aux organisations ouvrières, mais ils en sont arrivés à ne plus entraver directement les coalitions ouvrières. Pour la plupart, ils ne parlent plus de demander aux ouvriers l'engagement signé de ne pas entrer dans une coalition ou dans un syndicat ; mais ce qu'ils refusent encore de faire, c'est de reconnaître le syndicat comme représentant les ouvriers de leur industrie. C'est surtout le cas dans les grandes industries, notamment dans celle des métaux. Les patrons de ces grandes industries ne consentent pas à traiter avec les organisations ouvrières. Dans le but de prêter main-forte au patronat, on a voté en Allemagne une loi qui ordonne l'institution de comités ouvriers par fabrique ou par établissement (Arbeiterausschüsse). Les ouvriers occupés dans un établissement ont à élire des délégués pour les représenter dans leurs discussions ou négociations avec les patrons. Il en résulte une situation souvent difficile pour les ouvriers. Comme ils ne sont pas vraîment indépendants, ils sont exposés à des persécutions et à des tracasseries ; d'autre part, ils éprouvent toujours un certain embarras à discuter avec leurs patrons.

Il surgit souvent des oppositions d'intérêts relatives à des questions générales qui ne concernent pas seulement la fabrique, mais qui sont communes à l'industrie toute entière. C'est pourquoi ces comités de fabrique n'ont généralement pas grande valeur pour la classe ouvrière et sont parfois absolument contraires à ses intérêts.

Parfois encore (et ç'a été le cas lors de la grande grève des mineurs), les patrons ne daignent même pas traiter avec les comités ouvriers de leurs fabriques. De sorte que des grèves se font jusque pour la reconnaissance de ces inoffensifs comités. Souvent aussi ils sont ignorés par les ouvriers. Ce que les ouvriers demandent avec beaucoup de raison, c'est la reconnaissance ou, mieux encore, la possibilité de faire intervenir directement leurs syndicats et leurs commissions des salaires, élues spécialement pour traiter avec les patrons. Naturellement les ouvriers délèguent généralement dans ces commissions ceux des leurs qui sont les plus indépendants et qui n'ont rien ou presque rien à craindre de la persécution des patrons. Il arrive aussi que certains ouvriers ont des patrons plus accommodants que d'autres. Un grand nombre de grèves ont donc lieu pour obtenir la reconnaissance de la commission des salaires ou de la commission de surveillance, dont le rôle est assez analogue à celui de la commission des salaires.

Le chapitre si important des causes des grèves n'est pas encore épuisé. Aux grèves relatives aux taux des salaires viennent se joindre les grèves pour ou contre le salaire aux pièces et pour ou contre le salaire à l'heure. C'est là une question très importante. Généralement, il existe, dans la classe ouvrière, une répugnance marquée pour le salaire aux pièces et une antipathie plus grande encore contre le travail par équipe et le marchandage. A maintes reprises, à la fin du siècle dernier, des congrès ouvriers se sont prononcés contre le système du salaire aux pièces. Toutefois s'il y a eu des grèves contre ce système, il y en a eu aussi en faveur de ce système.

Quant aux grèves contre le travail aux pièces et contre le travail par équipe, la statistique impériale de 1906 donne : 129 grèves dans 669 établissements et 9,991 ouvriers grévistes. Grèves *pour* le travail aux pièces et *pour* le travail par équipe : 17 grèves, dans 22 établissements et 774 grévistes. Le nombre de ces grèves est, comme le voit, beaucoup moins élevé, mais il s'en produit cependant.

Il en est de même pour les grèves relatives au système des *primes*. Ce système est assez mal vu, en général, à juste titre d'ailleurs. Pourtant, en 1906, il y a eu, à côté de 22 grèves dirigées contre ce système, 5 grèves en faveur de ce système. Il est vrai que les 22 premières entraînèrent 7395 grévistes, tandis que les 5 dernières n'en entraînèrent que 492, c'est-à-dire moins que le quatorzième. Il est d'autres questions relatives au salaire de l'ouvrier, qui provoquent de temps à autre des grèves. Mais elles ne jouent pas un grand rôle et nous pouvons nous abstenir d'en parler.

Revenons encore une fois à la question de la durée du travail. Ici il ne s'agit pas seulement de la fixation du nombre des heures de travail par jour ou par semaine, question que l'on essaie encore aujourd'hui de règlementer par une législation générale, mais encore de la fixation des heures auxquelles doit commencer le repos ainsi que d'autres questions, telles que la question du « samedi anglais » : bref de tout ce qui se rapporte à la question de la durée du travail. Toutes ces questions ont causé des grèves. Il y a eu surtout de nombreuses grèves contre les *heures supplémentaires*. Ceux qui n'appartiennent pas à la classe ouvrière comprennent difficilement l'opposition des syndicats ouvriers aux heures supplémentaires de travail, même quand elles sont payées. L'ouvrier, pris individuellement, peut, il est vrai gagner davantage, mais les ouvriers expérimentés savent bien qu'une fois ce système introduit, toutes les stipulations sur la durée du travail deviennent illusoires et les succès n'existent plus que sur le papier. Il est résulté de cet état de fait, des grèves soit en vue d'obtenir la fixation du nombre maximum des heures supplémentaires, soit en vue de faire désigner les cas exceptionnels dans lesquels les patrons peuvent les imposer.

Des grèves ont également éclaté en vue de l'obtention d'un salaire plus élevé pour les heures supplémentaires. Elles rentrent dans la catégorie de celles qui concernent la durée du

travail. Viennent ensuite les grèves au sujet du délai de renon,
la Kündigungsfrist. En Allemagne, comme dans presque tous
les pays, il est admis qu'en l'absence de contrat spécial portant
stipulation contraire, un délai fixé légalement est nécessaire
pour la renonciation au contrat de travail, soit par l'ouvrier,
soit par le patron.

Cette fixation paraît avoir été établie dans l'intérêt des
ouvriers pour les protéger contre un renvoi inopiné.

Mais si l'industrie a évolué, il y a eu aussi évolution dans la
situation des ouvriers vis à vis des patrons, sur cette question.
Dans certaines industries, les ouvriers n'ont pas intérêt à ce
qu'un délai de renon soit imposé aux deux parties. Ils demandent que le délai soit supprimé ou réduit dans leur industrie,
et en cas de besoin, ils font grève pour que cette demande soit
accueillie, parce qu'ils veulent être absolument libres de cesser
le travail sans conditions. Cette préférence propre à quelques
fractions de la classe ouvrière, s'explique par les conditions
particulières du travail : suivant les professions et les industries, les ouvriers sont donc pour ou contre le délai de renon.
Le travail du bâtiment, par exemple, est un travail qui recom-
mence au printemps. En cette saison, les ouvriers prétendent
avoir la liberté de faire éventuellement de nouveaux contrats
collectifs. Dans ce but, il leur faut un délai de renon très court,
afin de ne pas perdre du temps en discussions. En 1905 il y a
eu, en Allemagne, 52 grèves comportant 6.244 grévistes, pour
la suppression du délai de renon.

Des grèves ont lieu aussi pour arriver à faire supprimer la
coutume surannée du logement et de la pension des ouvriers
chez leurs patrons, coutume qui était encore en vigueur, dans
mon jeune âge, dans nombre de métiers, mais qui a disparu
dans la grande majorité des industries d'aujourd'hui. Je ne
crois pas que les grands industriels, en général, inviteraient
encore les ouvriers à dîner à leur table : cependant cette coutume
subsiste encore dans certaines professions. On la trouve chez les
boulangers, les bouchers et les coiffeurs, et c'est là une cause
de faiblesse pour les organisations ouvrières et de sujétion pour
les ouvriers eux-mêmes. De là, 35 grèves avec 1281 grévistes,
dirigées en 1906 contre cette coutume.

Comme vous le voyez, les causes de grèves sont nombreuses.
Il m'est même impossible de les énumérer toutes ici. Mon but
n'était que d'appeler votre attention sur ces statistiques si
instructives, qui vous amèneront à étudier de près les causes

des grèves et des autres conflits relatifs à l'organisation actuelle du travail.

L'intérêt qu'a l'ouvrier à un salaire plus élevé ou à une diminution des heures de travail est facile à comprendre. Mais il se produit d'autres grèves qui, pour être moins nombreuses, n'en offrent pas moins d'intérêt.

Ce sont surtout les grèves que je désigne sous la rubrique générale de grèves pour les questions de dignité personnelle, et des droits généraux touchant à la personnalité de l'ouvrier. Le mouvement syndical d'aujourd'hui a, avant tout, trois questions à régler : la question des salaires, celle de la durée du travail qui sont considérées comme les plus importantes, et enfin une troisième question que j'appellerai celle de la situation sociale de l'ouvrier. A cet égard il a été beaucoup accompli. Vous constaterez que dans les établissements sans organisation ouvrière syndicale, il y a non seulement un très grand désordre économique, si je puis m'exprimer ainsi, mais une grande corruption, une grande dégradation morale, résultant du pouvoir absolu du contre-maître dans la distribution du travail ainsi que dans l'embauchage et dans le renvoi des ouvriers. Dans l'intérêt de la dignité personnelle de l'ouvrier, il est absolument nécessaire que cette cause de corruption soit combattue et elle ne peut l'être vigoureusement et efficacement que par les syndicats ouvriers. C'est pourquoi j'appelle particulièrement votre attention sur cette question.

Pour terminer ma conférence d'aujourd'hui, permettez-moi de vous citer une grève d'un genre spécial : c'est celle qui a lieu en Allemagne chaque année en vue d'obtenir le droit de célébrer le premier Mai comme jour de fête ouvrière. Le plus grand nombre de patrons s'oppose radicalement à cette revendication. Ils ne veulent pas que la classe ouvrière ait un jour de fête consacré à la glorification d'une idée. Chaque année, des grèves se produisent à ce sujet. En 1906 nous avons eu en Allemagne 54 grèves à l'occasion de la fête du 1er Mai. Elles ont atteint 385 établissements et le nombre des grévistes a été de 4.450. On peut les considérer comme rentrant dans la catégorie des grèves qui ont pour but d'améliorer le sort de l'ouvrier.

Quatrième Conférence.

Les Résultats
des Grèves et des Lock-outs.

Les résultats des grèves doivent être considérés à plusieurs points de vue, tant généraux qu'individuels. Le premier point de vue qui s'impose ici est celui de la réussite ou de la non réussite formelles. A cet égard, l'estimation syndicale diffère beaucoup de l'estimation patronale, telle qu'on la trouve exprimée dans la statistique officielle de l'Empire. Voici une comparaison entre la statistique impériale et la statistique syndicale, quant aux résultats des grèves offensives de 1906 :

La statistique impériale constate que 17.5 % des grèves ont été un succès pour les ouvriers, 45.8 % un succès partiel et 36.7 % un insuccès complet, tandis que la statistique syndicale donne les chiffres respectifs de 55.7 %, 26.7 % et 15.9 %.

D'après la statistique impériale, 1/6 des grèves offensives ont obtenu un succès complet. D'après la statistique syndicale, tel a été le cas dans plus de la moitié de ces grèves.

D'après la statistique impériale, 2/5 des grèves ont été infructueuses. La statistique syndicale réduit ce chiffre à 1/6.

Laquelle des deux a raison ? On pourrait dire que le bureau de statistique de l'Empire est neutre et impartial et que les syndicats sont intéressés dans cette statistique. J'admets l'une et l'autre de ces deux opinions. J'admets que le bureau impérial s'efforce d'être aussi objectif que possible. mais je crois cependant que ses chiffres, sur ce point, sont inexacts : il s'en tient à des apparences, et ne pénètre pas au fond des choses.

La grève, en effet, n'est pas une simple question de chiffres. C'est une agitation caractéristique, sujette à des fluctuations. Supposons une grève en vue de l'augmentation des salaires. Les ouvriers demandent 15 %. Les patrons refusent ou offrent 5 %. La grève éclate ; les parties entrent en pourparlers. Les patrons accordent 10 %.

Comment apprécier la fin de cette grève ? La statistique impériale dira que c'est un succès partiel, la statistique syndicale, que c'est un succès complet.

Lorsque les ouvriers faisaient grève, ils avaient en vue une augmentation effective de leurs salaires : ayant obtenu une augmentation de 10 %, à leur point de vue c'est là une victoire, mais arithmétiquement parlant, c'est un succès partiel, puisque les 15 % demandés n'ont pas été obtenus.

L'appréciation des ouvriers ne diffère pas de la manière dont les patrons apprécient les résultats de leurs transactions commerciales. Dans les affaires, on ne juge pas de la réussite d'une transaction d'après la concordance exacte entre les chiffres de la demande initiale et ceux du marché finalement conclu, mais bien d'après les conditions qu'on a espéré pouvoir obtenir. Tel est le principe dont s'inspire la statistique syndicale.

S'il est vrai que les syndicats ont intérêt à publier des statistiques favorables à leur cause, ils n'en ont pas moins un intérêt, un intérêt croissant à connaître la *vérité*. Une juste appréciation des grèves devient plus en plus nécessaire, étant donné le développement de leur organisation intérieure, l'accroissement des secours aux grévistes, et les autres progrès du mouvement.

L'esprit qui anime aujourd'hui les syndicats en général s'oppose à toute appréciation fantaisiste. En admettant qu'elle soit susceptible de quelques rectifications, la statistique syndicale est généralement préférable de beaucoup à la statistique officielle.

La statistique officielle est trompeuse, au surplus, en ce qu'elle comporte quantité de petites grèves, dites « grèves sauvages », entreprises par des ouvriers non organisés, grèves de mécontentement, grèves improvisées, dans la plupart des cas infructueuses. Naturellement l'appoint de ces grèves sauvages produit un pourcentage plus élevé, en ce qui concerne les grèves infructueuses, que si l'on restreignait la statistique aux grèves véritablement menées par le mouvement ouvrier.

Qu'on se souvienne de la série des questionnaires établis par les syndicats pour arriver à une statistique absolument exacte de tout ce qui concerne leurs grèves. Chacun d'eux contient un nombre considérable de questions portant sur les demandes et les concessions faites. Il n'y a pas de place pour des rubriques imprécises.

Même si nous acceptons la statistique impériale, en ce qui concerne les grèves offensives, nous constatons que 17.5 % des grèves ont eu un succès complet, 45.8 un succès partiel, soit un total de 63.3 % de grèves ayant eu un succès quelconque, et 36.7 seulement n'en ayant eu aucun. Ces chiffres sont bien supérieurs à ceux atteints par les générations antérieures. Du vivant des grands socialistes modernes, Karl Marx et Lassalle, la plupart des grèves étaient infructueuses. Aujourd'hui, c'est le contraire.

Si, aux grèves offensives entreprises par les ouvriers quand l'occasion s'en présente, l'on ajoute les grèves défensives et les lock-outs, c'est-à-dire les luttes plus ou moins imposées par les patrons, le résultat est encore à peu près identique, d'après la statistique impériale.

Le bureau de statistique impériale énumère tous les mouvements, grèves et lock-outs, qui se sont produits en 1906, et donne les résultats suivants :

Luttes sans succès pour les ouvriers : 1,305 ou 36 % ; avec succès partiel : 1.672 ou 46.1 % ; avec succès complet : 649 ou 17.9 %. C'est presque le même pourcentage que pour les grèves offensives seules.

Encore une fois, la statistique syndicale arrive ici à des chiffres beaucoup plus favorables. Cependant, de même que dans la statistique impériale, il s'y trouve nécessairement, quant à la question de la réussite effective, un élément plus ou moins abstrait.

Mais dans les chiffres de la statistique syndicale que je vais citer maintenant, tout élément arbitraire disparait. Que le succès ait été partiel ou complet, on peut parfaitement demander ce qui a été, en fait, obtenu par la grève. Or, grâce à leurs questionnaires si précis, les syndicats sont toujours en état de nous fournir la réponse à cette question.

La statistique syndicale montre qu'en 1906, les grèves offensives ont procuré à un ensemble de 154,253 intéressés, une augmentation de salaire de 359.506 mark par semaine, soit de 14.380.000 mark pour une année comportant 40 semaines de travail.

En ce qui concerne la durée du travail, un ensemble de 75.646 personnes ont gagné 289.882 heures de diminution par semaine, soit 11,600.000 heures par an, ce qui représente autant d'heures de repos, de loisir ou de liberté.

Les grèves défensives ont eu pour résultat d'éviter à un ensemble de 2.842 intéressés une réduction de salaire de 6.197 mark par semaine soit de 287,000 mark par an ; elles ont évité à un ensemble de 1.045 intéressés une augmentation de travail de 4.522 heures par semaine soit de 180.000 heures par an.

Les lock-outs eux-mêmes ont eu un bilan de résultats favorable aux ouvriers. Dans certains d'entre eux, les patrons, après avoir congédié les ouvriers, ont dû leur faire des concessions. De telle sorte que, à l'occasion des lock-outs, les ouvriers ont gagné en salaires, pour 6.310 intéressés, 10.666 mark par semaine, soit 400.000 mark par an, et, en heures de travail, pour 1.362 intéressés, 4.418 heures par semaine, soit 176.000 heures par an.

Telles sont les conséquences de ces mouvements ouvriers. Mais ce ne sont encore là que des effets directs. La grève a encore d'autres effets. Elle agit, comme force virtuelle, sur les relations économiques. Elle crée des règles industrielles qui se répandent souvent rapidement, non seulement dans toute une localité, mais dans toute une région, ce qui fait que parfois une grève de modestes dimensions à ses débuts a parfois des résultats très étendus.

Ceci n'est pas une appréciation arbitraire, car le fait a été constaté maintes fois. A ce point de vue, les grévistes sont les vrais militants de la classe ouvrière. Pour me servir de l'expression de Marx, ce sont les « prizefighters » de leur classe.

Une autre preuve de l'efficacité des grèves est fournie par le nombre croissant des mouvements syndicalistes qui obtiennent des résultats sans faire la grève mais en en faisant simplement entrevoir la possibilité. En 1905, leur proportion a été de 51.9 % et en 1906 de 54.1 %. C'est-à-dire que, de cent mouvements dûs à l'initiative des syndicats, 51.9 en 1905, et 54.1 en 1906, furent menés à bonne fin sans passer par la grève. Ces mouvements sans grèves furent même plus profitables aux ouvriers que les mouvements avec grève. En ce qui concerne les salaires, les mouvements sans grève ont fait obtenir à 491.878 intéressés, 852.389 mark par semaine, soit 34 millions par an, donc plus de deux fois autant que ce qui a été obtenu par la grève.

En matière d'heures de travail, ces mouvements sans grève

ont procuré à 255.534 intéressés, une diminution de 928804 heures par semaine soit de 37.100.000 heures par an, donc trois fois plus que le résultat obtenu par la grève.

Les mouvements de résistance sans grève ont empêché, pour 979 intéressés, une augmentation de 4.872 heures par semaine soit de 195.000 heures par an et pour 2.812 intéressés une diminution de salaire de 4.334 mark par semaine soit de 173.000 mark par an.

La statistique syndicale donne aussi les chiffres des mouvements dans lesquels une perte de salaire ou une augmentation des heures de travail ont été acceptées sans grèves. Ces chiffres sont de 110.000 mark par an pour les pertes de salaire et de 165,000 heures pour l'augmentation de la durée du travail.

Ces résultats montrent dans leur ensemble qu'en salaires, il a été gagné, en un an, 49 millions de mark, sans tenir compte des heures de loisir conquises et des autres résultats indirects. Tout cela est constaté à l'aide de calculs très consciencieux, dans lesquels il n'y a pas de faux artifice, et où sont simplement appliqués les principes de la comptabilité publique. Ajoutons que les syndicats chrétiens prétendent avoir gagné, en 1905, de 5 à 6 millions de mark en augmentations de salaires. Mais ces avantages n'ont pas été obtenus sans sacrifices. Et naturellement les grèves sans résultats n'ont pas coûté moins de sacrifices en pertes de salaires, en heures de travail, en frais d'assistance, en peines et en privations, que les grèves favorables.

L'addition des sacrifices calculables donne les chiffres suivants : Les pertes en journées de travail ont été, en 1906 : pour les grèves offensives, de 3.360.135 journées pour 174.459 participants ; pour les grèves défensives, de 637.421 journées pour 38.103 participants ; et pour les lock-outs, respectivement de 2.320.069 journées et de 89,028 participants, soit un total de 6.317.975 journées et de 301.596 participants.

Un calcul très soigneux arrive au résultat que ces 6.317.675 journées perdues correspondent, en pertes de salaire, à 11.809,688 mark pour les grèves offensives, à 2.514.065 pour les grèves de résistance, et à 8.813.033 pour les lock-outs, au total donc, à 23.136.786 mark.

Et ce n'est pas tout, car il s'agit seulement ici des grévistes dont on a pu constater la présence. Mais dans toute grève, il y a un certain nombre de grévistes qui échappent au recensement. Il en est notamment qui partent d'emblée, pour chercher ailleurs du travail. D'autre part, le nombre des ouvriers atteints par la grève est généralement plus grand que celui des grévistes, car à côté des grévistes proprement dits, il faut compter les chômeurs involontaires. La statistique impériale donne, pour 1904, le nombre des chômeurs involontaires des établissements atteints par des grèves ou lock-outs comme s'élèvant à 8.240. Plus encore : Une grève, dans une industrie quelconque, affecte le travail d'autres industries qui ont besoin des produits de l'industrie en grève ou qui lui en fournissent elle-même. Aussi chaque grève a-t-elle des conséquences plus étendues que celles qui résultent de la statistique, bien que ces conséquences soient déjà suffisamment importantes telles que je vous les ai exposées.

Une fois seulement, les chiffres qui viennent d'être indiqués ont été dépassés en Allemagne. Ce fut en 1905, par suite de la grande grève des mineurs de la Ruhr : le nombre des journées perdues fut de 7.362.802 correspondant à 28 millions de mark de salaires.

Un autre relevé intéressant, est celui des dépenses occasionnées aux syndicats par les grèves. Elles ont augmenté d'année en année. En 1906 elles ont été de 13.297.862 mark, soit un chiffre supérieur à celui de toute la période décennale qui va de 1890 à 1899 : soit 11.702.758 mark. Ce chiffre dépasse aussi celui de 1905 qui, pour un nombre de journées perdues supérieur de 15 % à celui de 1906, n'atteignit que 10.933.721 mark, soit 18 % de moins. En 1906 les grévistes obtinrent ainsi des secours correspondant à plus de la moitié des pertes de salaires. Les pertes de salaires s'élèvent à 23 millions et le total des secours a été de 12 millions.

A quelque point de vue qu'on se place pour juger les grèves — et ici je ne parle pas au point de vue national, puisque je suis internationaliste et que je regarde le mouvement syndical de mon pays comme une partie du mouvement syndical international — il faut reconnaître que le fait d'être arrivé à donner, pour des grèves qui entraînèrent une perte de salaires de 23 millions de mark, des secours équivalents à la moitié de cette perte, est, de la part des syndicats centralisés allemands, un fort beau résultat.

Quant à l'autre moitié des salaires perdus, la question se pose de savoir si cette perte a été ou non réelle pour les ouvriers. Je crois pouvoir, avec certitude, répondre négativement, si j'envisage la totalité de la perte. En général, après une grève, les journées de travail perdues sont souvent regagnées par le fait d'une production plus intense. C'est surtout le cas dans l'industrie du bâtiment. On fait alors des heures supplémentaires autorisées par le syndicat ou bien les patrons engagent un plus grand nombre d'ouvriers pour regagner le temps perdu. Enfin, pour beaucoup de grévistes, le chômage n'a pour conséquence qu'un simple changement de localité, car il trouvent du travail ailleurs.

On ne peut donc pas dire que toutes les heures de travail soient perdues. Il n'en résulte pas que les grèves doivent être envisagées à la légère car, si elles entraînent de grandes privations et des souffrances morales, elles sont aussi la source de réels traits d'héroïsme. Celui qui ne fait pas partie de la classe ouvrière et qui n'a pas participé à ces luttes, ne connaît pas le stoïcisme avec lequel les ouvriers s'imposent des sacrifices au cours de la grève.

Ce n'est pas seulement la masse des grévistes qui souffre des conséquences de la grève. Je me rappelle une grande grève des serruriers à Zurich. Le chef du mouvement, un ouvrier que je connais bien, me disait d'avance qu'en fin de compte, il devrait quitter sa place pour en chercher une autre. Cette grève finit par lui coûter 1.500 mark qu'il avait économisés. Eh bien, il ne songea même pas à s'en plaindre. Dans la plupart des grèves, vous retrouverez de pareils traits de stoïcisme, de résignation à supporter toutes les privations nécessaires.

Les pertes causées aux patrons par les grèves sont, comme les pertes subies par les ouvriers, moins grandes en réalité qu'en apparence.

On a beaucoup écrit là-dessus. Certes il a pu se produire des grèves qui ont eu des conséquences sérieuses et même ruineuses pour certains patrons. Elles sont d'ailleurs avouées, mais ces cas sont extrêmement rares. Généralement les patrons rentrent assez vite dans le montant de leurs pertes. Celles-ci sont d'ailleurs difficiles à apprécier.

La grande société centrale d'assurance contre les pertes causées par la grève aux patrons, paie à ses assurés, comme prime, 12 1/2 °/₀ des salaires. Quelques sociétés paient moins, d'autres plus, mais je ne crois pas qu'en moyenne, les pertes réelles dépassent 20 °/₀ des salaires.

Il ne faut pas oublier non plus que si les patrons doivent continuer à faire pendant la grève nombre de dépenses courantes qu'ils ne peuvent pas supprimer momentanément, ils n'en réalisent pas moins aussi des économies.

A chaque grève, nous pouvons lire dans certaine presse, des

chiffres stupéfiants relatifs aux pertes résultant du mouvement pour les deux parties.

Mais il arrive souvent aussi, comme en 1905, après la grande grève des mineurs de la Ruhr, que les sociétés capitalistes intéressées distribuent le même dividende pendant l'année de la grève que pendant les années précédentes.

Il y a évidemment des pertes, mais dans la majorité des cas, elles ne sont que momentanées ou bien ce sont des pertes dues à la concurrence, un patron gagnant ce que l'autre perd. L'opposition des intérêts des patrons est d'ailleurs d'une grande utilité pour les ouvriers. Sans la tendance des patrons à accaparer la clientèle de leurs concurrents locaux ou régionaux, la situation serait plus difficile pour les ouvriers. Jusqu'à présent, cette opposition n'a pas l'air de vouloir disparaître et, — c'est mon opinion personnelle, — il faut bien avouer que le jour où cette concurrence disparaîtra, la dernière raison d'être de la société capitaliste aura également disparu, la concurrence des capitaux étant incontestablement son argument le plus fort.

En ce qui concerne les frais occasionnés par les grèves à la collectivité, nous arrivons aux mêmes conclusions. Les pertes sont en général très exagérées. Voyons les chiffres :

L'année 1906 a été, comme nous l'avons vu, une année sans précédent en Allemagne au point de vue des grèves et des lock-outs. Le nombre des journées de travail perdues a été de 6.317.675. A première vue ce chiffre paraît formidable. Mais une seule journée de chômage à l'occasion d'une petite fête officielle quelconque, comme les dirigeants en imposent souvent à la nation, représente à elle seule une perte de travail plus grande, car l'Allemagne compte actuellement, dans l'industrie seule, plus de 8 millions d'ouvriers !

Réfléchissez un peu et vous reconnaîtrez qu'on exagère beaucoup le chiffre des pertes occasionnées par la grève à la collectivité. Je ne parle pas des jours de chômage involontaire dûs aux spéculateurs sans scrupules qui haussent les prix et les taux d'intérêt, ainsi que nous l'avons vu au cours de ces derniers mois.

Il n'entre pas dans ma tâche présente de faire le procès de la société capitaliste, mais on me permettra de dire qu'au regard des pertes que le capitalisme ne cesse d'infliger à la collectivité, les pertes résultant des grèves, si importantes qu'elles soient, pèsent très peu dans la balance. Voyez les conséquences des cartels, tels que ceux du charbon, du cuivre et des autres métaux, constitués par des associations patronales monopolisatrices. Considérez la hausse des prix qu'ils ont créée et qui se chiffre en milliards, songez aux chômages qui en ont été la conséquence et vous arriverez à des pertes bien supérieures à celles qu'ont coûté les grèves.

Même abstraction faite de tout cela, les grèves seraient encore justifiées. Elles sont d'une puissante efficacité pour protéger la classe ouvrière contre les effets de l'anarchie capitaliste. Elles agissent comme un mur de béton contre la pression des forces économiques qui tendent à faire de l'ouvrier le jouet des fluctuations commerciales.

C'est ici le lieu de signaler un autre résultat des grèves de 1906 : Dans 782 cas, elles ont abouti à des conventions de tarifs ; et, dans 1.623 cas, des conventions entre patrons et ouvriers furent obtenues sans grève par les syndicats, ce qui représente un progrès dans la voie du contrat collectif de travail substitué au contrat individuel, lequel n'est un contrat que par son nom.

Cinquième Conférence.

Les Agents de prévention des Grèves.
La Conciliation et l'Arbitrage.

Je me suis efforcé, dans ma dernière conférence, de montrer qu'il ne faut pas exagérer les pertes causées par les grèves. Il faut cependant constater qu'elles ne se bornent pas à des pertes de travail pour les parties en lutte. Comme je l'ai déjà indiqué, il y a aussi les pertes indirectes, celles des industries auxiliaires, réduites par contre-coup au chômage. Ainsi, quand une grève éclate dans les mines et dure un certain temps, beaucoup d'industries auxiliaires sont forcées de chômer.

Il faut tenir compte également des pertes individuelles et de la ruine de certaines entreprises.

Des inconvénients résultent aussi des grèves pour le public en général. Dans cet ordre d'idées, il faut citer les grèves des établissements d'éclairage d'une ville, les grèves des moyens de communication ou encore celles du bâtiment qui, pour peu qu'elles se prolongent, atteignent beaucoup de personnes non engagées dans le conflit. L'an passé, nous avons eu à Berlin une grève du bâtiment qui a duré plusieurs mois. A côté des entreprises de spéculation et des entreprises de construction de bâtiments publics qui ont été atteintes, il y avait aussi des entreprises de construction d'habitations pour employés. Les employés inscrits avaient déjà donné congé à leurs propriétaires et avaient besoin de leurs nouvelles habitations pour la fin de l'été, vers le 30 septembre. C'eût été naturellement un grave ennui pour eux que de se trouver sans habitation.

Tout cela vous montre que les grèves ont des inconvénients généraux autres que ceux dont souffrent les intéressés immédiats. Des inconvénients résultent aussi du fait que la clientèle des établissements affectés par la grève émigre parfois dans une autre direction. Or, ces déplacements de clientèle de localité à localité ou même de pays à pays peuvent causer de grandes pertes individuelles et sociales.

Aussi le désir de prévenir les grèves est-il général. L'interdiction légale d'autrefois n'étant plus possible, on cherche des moyens d'assurer la paix industrielle en réduisant le nombre des grèves au minimum.

Il sembla un moment que la participation aux bénéfices pouvait être l'un de ces moyens. On se disait que si les patrons se décidaient à l'accorder à leurs ouvriers, ceux-ci seraient intéressés à la prospérité de l'établissement, qu'ils s'efforceraient d'y rester et qu'ainsi disparaîtrait une source de conflits.

Cette mesure, accueillie d'abord avec enthousiasme, s'est révélée absolument inefficace. La participation aux bénéfices n'est favorablement accueillie ni par les ouvriers ni par la masse des patrons.

Si étrange que cela paraisse, l'explication en est pourtant facile. Les ouvriers y voient un système ayant pour but de les amener à travailler encore plus qu'auparavant. Ils y voient quelque chose de malhonnête : aussi la grande majorité des essais a-t-elle échoué à la longue, quelque succès qu'on ait pu momentanément obtenir. En général, c'est surtout dans la grande industrie un système irrationnel et même anti-social.

L'ouvrier, dans la société actuelle, n'a aucune prétention sociale aux bénéfices d'une entreprise capitaliste, et il n'entre pas du tout dans le cadre de l'idée socialiste que l'ouvrier salarié vienne à participer aux bénéfices d'entreprises qui comportent une certaine dose de spéculation. Le patron représente tant bien que mal, et, je crois même, le plus souvent mal, dans la production, l'intérêt de la collectivité. Il a pour mission sociale, dans la société moderne, d'élever le chiffre de la production de manière à obtenir les produits au meilleur marché possible.

Mais l'ouvrier a d'autres intérêts. Ses revendications s'adressent à l'ensemble des patrons de leur industrie ou à la société en général plutôt qu'aux patrons pris individuellement. La participation diviserait les ouvriers. Elle créerait de nouveaux particularismes dans l'industrie. Ce système n'a réussi que très rarement. Il exige de la part du patron des qualités et des sentiments trop exceptionnels.

On a ensuite cru que le travail aux pièces serait la solution du problème, que l'ouvrier n'étant plus payé, ni par jour, ni par heure, mais bien aux pièces, deviendrait le maître de sa situation, qu'il n'aurait plus intérêt à faire grève, puisqu'il pourrait lui-même dicter son prix. Mais ici encore, le résultat a été le contraire de ce qu'on attendait.

Les ouvriers se sont opposés au travail aux pièces, les uns par principe, les autres pour des raisons de salaires. La rémunération aux pièces est généralement, pour le patron, un moyen de faire produire à l'ouvrier le maximum de travail. Comme on l'a toujours constaté et comme on le verra toujours, quand le salaire du travail aux pièces dépasse une certaine moyenne, les patrons en réduisent le taux, car la concurrence les pousse à produire au meilleur marché possible.

Mais il y a des industries où le travail aux pièces est inévitable et alors c'est le tarif qui fait l'objet de la discussion.

Les grèves n'ont pas diminué là où le travail aux pièces a été introduit. Au contraire.

Les diverses tentatives faites pour réduire le nombre des grèves, par la forme de la rémunération du travail, sont donc démeurées inefficaces.

C'est alors qu'est venue l'idée de la conciliation et de l'arbitrage par des tiers.

Elle apparut pour la première fois en Angleterre où il y eut, au cours du deuxième quart du siècle passé, une véritable épidémie de grèves dans la classe ouvrière révoltée, car l'Angleterre était alors le pays le plus avancé en matière de production capitaliste. C'est là que le capitalisme s'est développé en premier lieu, et c'est là aussi qu'on a inauguré le système des cours de conciliation et d'arbitrage.

Plus tard, l'institution passa d'Angleterre sur le continent, où elle fonctionna parallèlement au système, inconnu en Angleterre, mais pratiqué en France, en Belgique et en Allemagne, des conseils de prud'hommes. Ces conseils portent en Allemagne le nom de « Gewerbegerichte ».

Les « Gewerbegerichte » ou tribunaux d'industries ou de métiers sont obligatoires en Allemagne dans les villes de 20.000 âmes ou plus et il peut en être institué également dans les villes moins populeuses.

Leur organisation est presque la même que celle des conseils de prud'hommes, c'est-à-dire qu'ils sont composés en nombre égal de représentants des ouvriers et des patrons, élus sur la base du suffrage universel. Seulement chez nous, les femmes n'y sont pas admises.

Les présidents de ces cours sont généralement nommés par les autorités municipales et recrutés pour le plupart parmi les juristes ou les fonctionnaires.

La mission spéciale des Gewerbegerichte est de trancher les petits conflits individuels, les divergences d'appréciation sur l'exécution des contrats ou des lois qui règlent le travail dans les fabriques, conflits qui étaient réglés autrefois en Allemagne par les cours de « bagatelles » et qui le sont actuellement, en Angleterre, par les juges de paix et les petites assises.

Dans la grande majorité des ces Gewerbegerichte, les patrons allemands ont toujours reconnu l'impartialité absolue des prud'hommes ouvriers, même de ceux appartenant à la social-démocratie. Du reste, depuis 1901, nous avons la représentation proportionnelle dans les cours de prud'hommes ; les ouvriers catholiques ou libéraux peuvent y être représentés comme les socialistes ou comme tous autres.

D'après l'article 62 de la loi sur les Gewerbegerichte, cette juridiction peut fonctionner comme cour de conciliation en cas de contestations entre ouvriers et patrons au sujet des conditions générales du travail.

Si les deux parties ont simultanément recours au tribunal, ce dernier est tenu de se constituer en cour de conciliation (art. 63). Les deux parties ont alors à élire des délégués, — généralement trois au maximum, — pour traiter en leur nom ; mais si le conflit intéresse un grand nombre d'ouvriers et si des intérêts multiples sont en cause, la Cour peut admettre un plus grand nombre de délégués. Pour être délégué, il faut avoir 25 ans au moins, mais en cas de nécessité, des ouvriers plus jeunes peuvent être admis.

L'article 64 dit, que si une seule partie fait appel à la juridiction de la Cour, le président doit en informer l'autre partie et faire tous ses efforts pour l'amener à y faire appel aussi.

L'article 65 prescrit au président, dans d'autres cas, quand des contestations surgissent, de faire tout son possible pour déterminer les parties à faire appel à la Cour de conciliation. Il doit insister (art. 66) et, une fois la Cour saisie, il peut ordonner aux intéressés de comparaître et leur infliger des amendes s'ils ne comparaissent pas. Le Président ou la Cour (art. 68) peuvent aussi convoquer des témoins ou des experts.

Si un accord intervient, un procès verbal doit être dressé qui en indique les clauses. Ce procès-verbal doit être signé par les membres de la Cour, et par les représentants des deux parties et ensuite être publié (art. 70).

Si, l'on n'arrive pas à un accord, la Cour doit rendre un verdict d'arbitrage (art. 71). Pour ce verdict, la simple majorité suffit, mais si tous les délégués des patrons sont d'un avis opposé à celui de tous les délégués ouvriers, le Président peut s'abstenir et déclarer qu'un verdict d'arbitrage ne peut être rendu.

Si le verdict est rendu, les parties ont à déclarer si elles l'acceptent ou non. Le fait de ne pas répondre est considéré comme un refus. Le délai fixé pour la réponse étant expiré, la Cour publie son verdict avec les réponses des parties (art. 72).

Telles sont les dispositions les plus importantes. Elles montrent que l'arbitrage n'a aucune force obligatoire. Le verdict n'est qu'un appel à la conscience, mais parfois il exerce une influence déterminante sur la décision des parties en cause. En somme, ni la conciliation, ni l'arbitrage n'ont jusqu'à présent pu prévenir l'accroissement des grèves.

Depuis 1899, le nombre des conflits solutionnés par les cours de conciliation et leur pourcentage relativement au total des conflits survenus pendant l'année a été, d'après la statistique impériale :

Pour 1899	de	55	ou	de	4.2 %
1900	»	45		»	3.1 »
1901	»	32		»	2.9 »
1902	»	43		»	3.9 »
1903	»	55		»	3.8 »
1904	»	86		»	4.3 »
1905	»	109		»	4.1 »
1906	»	175		»	4.8 »

L'augmentation est très lente. En 1906, la proportion n'est pas beaucoup plus élevée qu'en 1899.

D'après la statistique syndicale, sur 4,470 mouvements des syndicats ayant abouti sans grèves, 55 seulement, soit 1,24 % ont été solutionnés par les tribunaux industriels ou les cours de conciliation.

L'opposition à la comparution devant ces cours ne vient pas des ouvriers. Je possède les chiffres du rapport du Secrétariat ouvrier de Francfort-sur-le-Main pour 1906. Il en résulte que la Cour de cette grande ville a été saisie 10 fois, dont 9 fois par les ouvriers et 1 fois par les patrons, et que dans 3 cas les patrons refusèrent son arbitrage. Tel est le cas pour une seule ville. Je pourrais vous en citer d'autres.

Pour bien connaître l'esprit des ouvriers et des syndicats ouvriers au sujet des cours de conciliation, il faut consulter la brochure « *Praktische Winke für die Deutsche Zimmerer-Bewegung* », publiée par le syndicat des charpentiers allemands. Son auteur, A. Bringmann, est le rédacteur du journal des charpentiers. Ce livre contient des conseils pratiques pour les fonctionnaires du dit syndicat et s'occupe principalement des cas de grève. A ce sujet, il y est dit page 151 : « Il faut d'autant plus conseiller de ne pas refuser la médiation des tribunaux, que dans la fédération des patrons du bâtiment. il y a des membres qui, par principe, repoussent les cours de conciliation. Ils ont même l'audace de prétendre que les cours de conciliation n'ont jamais eu la confiance des ouvriers social-démocrates. En présence de cela, l'impression sur l'opinion publique ne peut qu'être favorable, si les ouvriers ne repoussent pas l'intervention des cours de conciliation ».

Ce conseil donné par l'un des plus grands syndicats centralisés n'est pas une exception. C'est une règle générale, que les syndiqués allemands ne refusent pas de comparaître devant les Cours. Je vais en fournir une preuve officielle. Le dernier rapport du tribunal de Berlin, celui de 1906, dit, et cela est caractéristique, que « peu à peu *chez les patrons eux-mêmes,* » commence à pénétrer cette idée que le tribunal est l'institu- » tion la plus apte à servir de moyen de médiation pour la » solution des conflits. » Cette phrase, en disant que les *patrons* « commencent peu à peu à comprendre», montre combien grande a été la méfiance des patrons envers les cours de conciliation et leur répugnance à comparaître devant elles.

1906 a été une année de grande prospérité. Les bras manquaient dans la plupart des industries, et voilà pourquoi les patrons, en plus grand nombre que les autres années, ont accepté l'arbitrage du tribunal.

Dans la majorité des cas, ils ont, jusqu'ici, refusé de comparaître devant les cours. D'après la statistique, 4 % seulement des patrons invités ont comparu.

Comme dernière ressource pour prévenir les grèves, on a recours aux conventions de tarifs, appelées dernièrement par une économiste — Mlle Fanny Imle qui leur a consacré un livre — « Gewerbliche Friedensdokumente » (Documents pour la paix industrielle).

On a beaucoup écrit, au sujet de ces « Tarifverträge ».

Le bureau impérial de statistique, lui aussi, s'est livré à des recherches dont les résultats ont paru dans plusieurs gros volumes. C'est une publication très documentée et très instructive. Elle débute ainsi : « On évalue le nombre des conventions de tarifs en vigueur aujourd'hui en Allemagne, où il y a dix ans la chose même était inconnue, à 3 ou 4,000 ».

Or, bien que plus de 3,000 conventions aient été signées, jamais il n'a été constaté en une seule année un aussi grand nombre de grèves et de lock-outs qu'en 1906, l'année même où paraissaient ces volumes : Cette constatation ne paraît guère plaider en faveur des « documents pour la paix industrielle ».

Cependant la statistique syndicale constate pour 1906, l'existence de 728 conventions signées à la suite de grève et de 1,632 signées sans grève, au total donc 2,360. Plus des deux tiers des conventions ont donc été obtenues sans grève et l'on peut en déduire que si les 1,632 conventions n'avaient pas été obtenues sans grève, il y aurait peut être eu en 1906 mille grèves de plus. C'est pourquoi on doit se mettre en garde contre des conclusions trop hâtives.

Enfin, les conventions datent en Allemagne d'une époque récente et il est difficile de prévoir les conséquences qu'elles pourront avoir dans la question des grèves.

Si nous prenons la statistique des grèves en Angleterre, pays où les conventions de tarifs existent depuis longtemps, nous aboutissons à de tout autres conclusions que la statistique allemande : en effet, depuis 1894, le nombre de grèves y diminue. C'est précisément le contraire de ce que nous voyons en Allemagne.

Il est vrai que l'année 1906, a vu une recrudescence des grèves, mais en général les chiffres anglais restent bien en dessous des chiffres allemands.

Le nombre des grèves a été de :

Années.	Angleterre.	Allemagne.
1899	719	1322
1900	648	1414
1901	642	1042
1902	442	1071
1903	387	1375
1904	354	1876
1905	358	2057

En 1906, nous avons eu en Allemagne entre 3 et 4,000 grèves, alors qu'en cette même année, on en note seulement 486 en Angleterre, où la classe ouvrière industrielle est pourtant aussi nombreuse qu'en Allemagne. Il faut en conclure que le grand nombre des conventions de tarifs en Angleterre y est pour quelque chose.

Je pourrais vous citer plus d'un cas, car je suis assez attentivement le mouvement des syndicats et des industries anglais. Je me bornerai seulement à rappeler que dans l'industrie de la filature anglaise, une grande grève a été évitée tout dernièrement, grâce à la fameuse convention Brookland.

Il ne faut pas non plus juger les grèves uniquement d'après leur nombre, mais aussi d'après leur caractère.

Examinons de plus près la convention de tarifs que l'on appelle souvent aussi « contrat collectif de travail », ce qu'elle n'est pas dans le sens véritable du mot. Elle détermine plutôt les bases générales du contrat de travail.

C'est une transaction collective des patrons avec les ouvriers organisés, et c'est pourquoi les grands seigneurs du patronat la rejettent ou la combattent de toute leur force. Voyons ce qu'en disent les associations patronales elles-mêmes :

Dans le livre « Der Tarifvertrag im Deutschen Reich » publication officielle dont j'ai parlé plus haut, on cite, p. 3, la déclaration suivante de l'Association Centrale des Industriels Allemands, qui est incontestablement la plus puissante des associations patronales et dont j'ai déjà parlé plus haut :

« Les conventions de tarifs enlèvent au patron toute
« liberté individuelle dans la gestion convenable de ses
« entreprises et dans la direction de ses ouvriers et pla-
« cent inéluctablement le travailleur sous la dictature des
« organisations ouvrières. Dans l'opinion de l'Associa-
« tion Centrale, les conventions de tarifs, et cela a été
« prouvé surabondamment par les expériences faites en
« Amérique et en Angleterre, mettent obstacle aux pro-
« grès techniques et au développement de l'industrie
« allemande. Pour ces raisons surtout, l'Association
« Centrale regrette le décret du Gouvernement bava-
« rois du 2 Mars 1905 qui recommande aux inspecteurs
« de fabriques de favoriser le développement des con-
« ventions de tarifs » (Mai 1905).

Je vous ai déjà cité une autre grande association patronale, celle des Bureaux Patronaux de Placement, qui se met en opposition non seulement avec les bureaux ouvriers mais aussi avec les bureaux municipaux. Cette association s'est prononcée également contre les conventions de tarifs auxquelles elle reproche d'amener infailliblement la grève au moment de leur expiration. Dans une résolution prise en automne 1904, elle disait entre autres :

> « Par la convention de tarifs, c'est le patron, non pas
> « l'ouvrier, qui se trouve les mains liées. L'amoncellement
> « des ressources syndicales augmente le danger de grè-
> « ves au moment de l'échéance de la convention : une
> « courte période de paix apparente est presqu'infailli-
> « blement suivie d'une lutte d'autant plus acharnée ».

Je pourrais citer un grand nombre d'opinions semblables, émanant de la classe des grands patrons, sur les conventions de tarifs. Permettez moi de vous citer un exemple de l'influence exercée par les associations, exemple dans lequel j'ai été plus ou moins personnellement engagé : Il y a eu à Berlin, en 1904, un mouvement parmi les ouvriers du bronze, qui sont très nombreux, en faveur d'une convention de tarifs. Leurs prétentions étaient très modestes et furent admises par un assez grand nombre de patrons qui comparurent devant la cour de conciliation pour signer le contrat. Survint alors la très puissante Association Patronale des métaux, qui mit en jeu son influence : une grève de plusieurs mois en fut la conséquence.

D'autre part, il y a une fraction radicale de la classe ouvrière qui est également opposée aux conventions de tarifs : elle craint qu'elles aient pour conséquence l'affaiblissement de la lutte de classe entre le travail et le capital. Ce groupe n'est guère nombreux : la masse des ouvriers organisés est pour les conventions de tarifs.

Un nombre considérable de patrons les admettent d'ailleurs aussi et cela pour deux raisons principales :

1° Si la convention de tarifs n'abolit pas la grève, elle la restreint au moins pour un temps. Pendant la durée de la convention, le patron est assuré contre la cessation du travail, ce qui est très important pour lui, car il n'a plus à redouter à chaque instant un conflit. Si le tarif n'assure pas la paix, il assure donc une trève d'une certaine durée.

2° Ce qui est aussi très important pour nombre d'industriels, c'est que la convention de tarifs protège les patrons contre la concurrence déloyale. Si une convention de tarifs existe dans une industrie, tout patron est jusqu'à un certain degré protégé contre une concurrence basée sur un salaire inférieur. Cette concurrence est, sinon supprimée, tout au moins grandement réduite.

L'affirmation que la convention de tarifs empêche le progrès technique est tout simplement ridicule. Tout dépend des termes de la convention.

Passons à la durée. J'ai ici les textes des conventions du « Betonverein », (c'est à dire des ouvriers en plâtre & ciment), des maçons et des brasseurs de Berlin. Nous voyons que la durée de la convention a été de deux ans pour les premiers, de deux ans pour les seconds et de trois ans pour les derniers. Ce sont là des cas exceptionnels. Généralement, en effet, les conventions ne sont pas conclues pour très longtemps.

Quel est leur contenu ? Prenons la convention du Betonverein. Elle n'est pas longue. Elle fixe les salaires, le mode et la date du paiement, la division du travail, les heures supplémentaires, bref, tout ce qui intéresse l'ouvrier relativement à son contrat. Elle contient aussi une clause sur l'arbitrage et la conciliation. Elle est conclue pour une période allant du 31 mars 1906 au 30 septembre 1907, soit pour un an et demi ou deux saisons.

Prenons un autre exemple, le tarif des maçons de Berlin. Il n'est pas moins explicite. Il a été conclu pour une période allant du 1ᵉʳ avril 1905 au 31 mars 1907, c'est-à-dire pour deux saisons aussi.

Ce tarif n'a pas été renouvelé. A la fin du printemps dernier, les ouvriers demandaient une réduction des heures de travail et une augmentation de salaires que les patrons ne voulurent pas accorder. Une grève en résulta et les ouvriers furent battus.

Pour l'industrie de la brasserie, le tarif a été conclu pour 3 ans, succédant à un tarif précédent de même durée. Il contient quelques changements en faveur des ouvriers au point de vue du salaire.

C'est dans l'industrie du bâtiment qu'il y a le plus grand nombre de conventions de tarifs.

Le rapport du bureau impérial de statistique analyse 1,557 conventions, dont 400 pour le bâtiment, 151 pour la brasserie, 150 pour la métallurgie, 137 pour les tailleurs, 118 pour les potiers et 105 pour les métiers du bois.

Je ne cite là que les chiffres supérieurs à 100. Pour le plus grand nombre, c'est-à-dire pour plus de 80 %, les conventions de tarifs sont des conventions locales. Il existe en outre de nombreuses conventions spéciales qui ne concernent pas toute l'industrie locale mais qui sont en vigueur dans un ou dans quelques établissements seulement.

Un très petit nombre de conventions de tarifs sont nationales ou, pour mieux dire, générales. Le bureau impérial énumère seulement 5 conventions générales, dont la plus importante est la fameuse *Union tarifale de l'Imprimerie Allemande*, la *Tarifgemeinschaft der deutschen Buchdrucker*. C'est un type spécial de convention. Il n'est pas nouveau, car il en existait en Angleterre avant qu'il n'en existât en Allemagne.

Ce genre de conventions a donné lieu à des discussions très vives dans le monde ouvrier allemand. Au début il a rencontré une opposition très passionnée.

Depuis longtemps il existe, dans l'industrie typographique allemande, des contrats de travail. En 1896 on en a même conclu un pour cinq ans, obligatoire pour toutes les parties. Il ne produisit pas d'opposition à cette date. Mais la convention ne prit son véritable caractère qu'à son renouvellement en 1902. Alors des discussions passionnées surgirent et il en résulta même une scission dans l'organisation ouvrière, scission qui fut d'ailleurs de peu de durée. La minorité s'inclina.

En 1907, cette Union de tarifs a été renouvelé pour 10 ans. Trois mois avant l'échéance finale des 5 premières années, chacune des parties a le droit de la dénoncer, mais en principe la convention est conclue pour 10 ans. C'est le plus long terme qui ait jamais été fixé pour la durée d'une convention de tarifs. Et si cette fois encore il y eut également opposition, il n'en résulta aucune espèce de scission chez les membres du syndicat ouvrier.

Comme je l'ai déjà dit, il s'agit ici de quelque chose de plus que d'une simple convention. C'est une véritable *alliance*, comme l'indique déjà le mot : « *Tarifgemeinschaft* ». Elle embrasse presque toute l'industrie typographique, soit plus de 90 % des membres de la profession. Et le tarif stipulé est applicable à tout le pays. Il prévoit des différences de paie d'après les prix de l'endroit ou de la région.

Les ouvriers sont tenus de s'affilier à l'organisation et les patrons s'obligent à engager de préférence des ouvriers qui sont membres du syndicat. Le syndicat ouvrier s'oblige d'envoyer ses membres chez les patrons syndiqués.

C'est donc une véritable union entre patrons et ouvriers syndiqués. Elle est administrée par le *Tarifausschuss* — comité du tarif — qui est composé de 9 patrons et de 9 ouvriers représentant les diverses régions allemandes, et par le « bureau du tarif » *Tarifamt*, composé de 3 patrons et de 3 ouvriers. Le siège du bureau est à Leipzig, la capitale de la typographie allemande.

Outre ces deux comités qui traitent des questions générales, il existe des bureaux régionaux, « *Kreisämter* », et des cours d'arbitrage et de conciliation pour les conflits locaux ou régionaux (*Schiedsgerichte*).

Bref, il y a là une constitution complète pour cette industrie importante et le tarif est un véritable code où tout est réglé, jusqu'au moindre détail.

Les cas dans lesquels un conflit peut surgir sont tous prévus et, quoiqu'on ne puisse encore émettre une opinion sur les conséquences sociales de cette alliance, je dois dire que, lorsque pour la première fois, j'eus en main ce code dû à la collaboration d'un puissant syndicat ouvrier et d'un syndicat de patrons, j'ai été profondément ému en constatant le progrès indiscutable qu'il réalise dans la situation de la classe ouvrière.

D'autres questions encore ont été soulevées au sujet des conventions générales et de cette alliance en particulier.

Pour autant que je suis bien informé, la majorité des ouvriers allemands préfère les conventions de courte durée, parce que généralement, après 2 ou 3 ans, ils désirent reprendre leur liberté d'action. Dans le cas examiné plus haut, il s'agit de cinq ou même de dix ans avec obligation mutuelle d'affiliation pour les patrons et pour les ouvriers.

Il s'agit de voir s'il n'y a pas là un danger pour le public. Je ne crois pas que ce soit le cas pour la typographie, car elle est trop dispersée en Allemagne, pour que cette alliance puisse se transformer un jour en une espèce de *trust* pour l'exploitation du public en général. Mais il faut penser à d'autres industries, comme celles du fer par exemple, dans un pays où elles bénéficieraient d'un régime de droits protecteurs. En pareil cas, le système pourrait fournir aux patrons un moyen d'entraîner les ouvriers à une entente en vue d'exploiter le public par la hausse des prix. C'est donc là un côté assez sérieux de la question.

Il s'agit de savoir aussi si, dans la classe ouvrière, ces conventions de tarifs n'auraient pas pour conséquence d'affaiblir la lutte des classes en plaçant l'intérêt individuel ou particulier au-dessus des intérêts généraux. C'est ce que j'ai déjà signalé à propos de la participation aux bénéfices.

La classe patronale, tant qu'elle existera, aura son rôle à jouer dans la société, et je crois que les plus avancés d'entre vous en matière de collectivisme, admettront qu'on ne pourra pas étatiser toutes les industries à la fois. Il en est d'ailleurs qui ne sont pas encore en état d'être socialisées et qui doivent, pour bien faire, rester sous la direction de patrons isolés ou de sociétés coopératives. En tous cas, il y aura toujours dans la société où nous vivons, à côté de la classe ouvrière, une classe d'entrepreneurs chargés de remplir certaines fonctions sociales. L'union de ces deux classes pourrait être une faute lourde pour le public en général. C'est ce que beaucoup de gens ont pensé.

Mon opinion personnelle au sujet des conventions de tarifs n'est pas aussi défavorable. Je trouve que, somme toute, elles ont été assez avantageuses pour les ouvriers intéressés.

A chaque nouvelle convention correspond presque chaque fois une amélioration dans leur situation. Si les conventions de longue durée empêchent les ouvriers de profiter d'une période de prospérité commerciale, elles les protègent, d'autre part contre les mauvais effets des périodes de dépression. C'est là un argument de la plus haute importance.

En ce qui regarde l'intérêt du public, nous devons tenir compte de ce que toutes les questions de production ne sont pas l'affaire des syndicats ouvriers, lesquels ont seulement à remplir certaines fonctions sociales. Je trouve pour ma part qu'il y a, sans doute, un certain danger, mais que le danger n'est pas assez grand pour nous empêcher d'examiner impartialement la question à ce nouveau point de vue. Dans les cas de monopoles, la société trouvera facilement le moyen de se défendre contre les abus.

L'évolution moderne engendre de nouvelles formes d'organisation, de même qu'elle crée de nouvelles formules pour résoudre les difficultés qui surgissent dans l'industrie. Aucune de ces formules ne constitue par elle-même un but. Elles sont toutes des moyens. C'est pour ces raisons que nous devons toujours avoir présentes à l'esprit, en cette matière, les paroles du fondateur de la religion chrétienne : « L'homme n'est pas créé pour le Sabbat, mais le Sabbat pour l'homme ».

Sixième Conférence

Observations générales et Conclusions.

La grève, en définitive, est une lutte, c'est-à-dire une espèce de guerre. Et chaque guerre exige une stratégie, c'est-à-dire une science des mouvements et du placement convenable des forces, et une tactique, qui est l'art d'attaquer et de se défendre.

La stratégie et surtout la tactique de la grève diffèrent suivant le degré de développement du mouvement ouvrier ou syndical, et suivant l'état des organisations, leur solidité, leur permanence et leur stabilité.

La tactique est naturellement tout autre quand il ne s'agit que d'un mouvement passager. Elle varie aussi suivant que les organisations patronales reconnaissent ou non les syndicats ouvriers. Dans certains cas, le conflit économique peut être comparé à une guerre entre nations civilisées et dans d'autres cas, à une guerre entre une nation civilisée et des peuplades sauvages. Il en résulte nécessairement des différences dans la tactique et dans la stratégie.

Pour citer un exemple, les grèves dites « sauvages », c'est-à-dire les grèves irrégulières, improvisées, sans organisation régulière, sont précisément celles au cours desquelles s'accomplissent le plus d'actes de destruction et de violence.

On trouve dans l'histoire de la grève en Belgique plusieurs cas de ce genre : ils se rapportent précisément à l'époque où le mouvement ouvrier y était encore impuissant. Il y eut notamment la grande grève des verriers en 1885, au cours de laquelle se passèrent des actes de sauvagerie dont, pour autant que je sache, on n'a plus eu d'exemples dans la suite.

La France nous fournit aussi une illustration de notre thèse. Les syndicats n'y sont pas très développés. La statistique les renseigne comme assez nombreux, mais tout le monde sait que cela n'est vrai que sur le papier. Le ministère de travail indiquait pour 1905, 780.000 ouvriers syndiqués, mais la liste même des adhérents au mouvement, c'est-à-dire la liste de la Confédération Générale du Travail, ne parle que de 300,000 à 350,000 ouvriers véritablement syndiqués pour toute la France. Cette différence provient de ce que la statistique officielle est faite d'après les adhérents inscrits dans les syndicats, tandis que la liste de la Confédération est faite d'après le nombre de membres qui paient leurs cotisations.

Or, la France, où la plupart des syndicats ont si peu de cohésion, est le pays classique des grèves violentes ; c'est là que l'on a développé la théorie du sabotage et qu'on l'a pratiquée.

La même situation existait en Allemagne à l'aurore du mouvement syndical. Les grèves qui éclatèrent à la fin des années 1860 à 1870 et au commencement des années 1870 à 1880 étaient beaucoup plus violentes que les grèves d'aujourd'hui.

Le syndicalisme français révolutionnaire, qui croit représenter un type tout-à-fait moderne et supérieur, n'est, dans, mon opinion, qu'un type de syndicalisme dont l'enfance se serait prolongée.

Les choses ont changé en Allemagne en même temps que se sont développées les organisations ouvrières et que les syndicats ont vu s'accroître leur puissance économique.

Le développement des associations patronales a naturellement aussi fait changer la tactique. Nous avons vu que les patrons diffèrent d'avis les uns des autres au sujet des organisations syndicales. Dans un grand nombre de cas, cette divergence d'opinion résulte de l'état d'esprit individuel des patrons en question. Mais cet état d'esprit n'est pas toujours dû au hasard. L'attitude des patrons vis-à-vis des syndicats a une explication. En général, jusqu'à présent, ce sont les grandes industries, comportant de nombreuses catégories d'ouvriers et représentant de très grands capitaux et dans lesquelles le machinisme joue un très grand rôle, qui se sont montrées hostiles en majorité aux organisations.

Au contraire, dans les industries moyennes et surtout dans celles qui se rapprochent des métiers d'artisans, c'est-à-dire là où l'homme joue le rôle principal dans la production et n'est pas uniquement un rouage dans un grand organisme, les patrons ont une tendance marquée à reconnaître les organisations ouvrières.

Comme je vous l'ai exposé hier, la majeure partie des conventions de tarifs établies en Allemagne, l'ont été dans les industries de l'imprimerie, du bâtiment, du vêtement, du bois, c'est-à-dire dans des industries qui pour la plupart, n'ont rien de commun avec les établissements gigantesques que notre époque a vu se développer.

En Angleterre, la situation n'est pas, ou n'est plutôt plus la même. Dans de nombreux cas, les grandes industries, comme celle de l'acier et du fer, celle du coton et d'autres encore ont, après un demi-siècle de luttes violentes, trouvé leur profit à s'entendre avec les organisations ouvrières. Comparativement à l'Allemagne, il en résulte naturellement des différences de stratégie et de tactique.

Mais c'est aussi la nature du produit et son marché qui doivent être pris en considération, quand il y a conflit. Il faut distinguer, à cet égard, entre industries essentiellement locales et industries de concurrence interlocale et internationale, et entre industries de produits pour consommation directe et industries de produits pour production ultérieure.

Prenons l'exemple du bâtiment. Actuellement, il est vrai, on transporte quantité de produits fabriqués qui jadis se consommaient sur place, tels que bois taillés, fenêtres presque montées, etc. mais on ne transporte pas encore les maisons. L'industrie du bâtiment reste donc une industrie essentiellement locale.

D'autre part, il existe nombre d'industries dans lesquelles la concurrence est tout au moins interlocale sinon internationale.

Il faut aussi distinguer parmi les industries fabriquant les divers produits pour la consommation des masses, selon qu'elles fournissent des articles de première ou de seconde nécessité. L'industrie de la bière et celle des vêtements sont jusqu'à un certain point de seconde nécessité. On peut, en effet, ajourner l'achat de vêtements quand une grève éclate et la bière n'est pas indispensable pour se désaltérer.

Toutes ces circonstances influencent la tactique ; aussi faut-il se garder de trop généraliser en cette matière.

Cependant certains traits caractéristiques sont communs à toutes les industries.

En Allemagne, les syndicats sont généralement adversaires des grèves partielles, c'est à dire des grèves limitées à quelques patrons ou à quelques établissements.

Autrefois, les ouvriers qui avaient intérêt à faire grève commençaient chez quelques patrons uniquement pour amener la division entre ces patrons. Les patrons n'étant pas très bien organisés à cette époque, ces manœuvres ont parfois réussi : cela s'est vu dans d'autres pays aussi. Mais maintenant que les patrons sont organisés, les ouvriers seraient les premières dupes de ce système, car, au lieu de demeurer partielle, pareille grève aboutirait facilement pour la masse qui ne le désire pas, à une grève ou à un lock-out général.

A présent, on déconseille la grève partielle, même comme début d'un mouvement. Les organisations ouvrières commencent, là où les patrons sont organisés, par négocier avec l'organisation patronale et non avec les patrons isolément.

Naturellement, des grèves partielles peuvent être nécessaires là où certains patrons se séparent des autres, ou bien dans des établissements isolés ou encore dans des établissements de production spéciale. Cela arrive encore assez souvent aujourd'hui ; mais alors il ne s'agit plus de tactique ; pareille grève n'est pas un simple début, c'est une grève sur une petite échelle, une grèvelette.

Sous l'empire du même état d'esprit, on rejette généralement aujourd'hui l'idée de la grève par surprise. Il faut également considérer cette dernière pratique comme une forme primitive de la lutte. On a reconnu que ce moyen d'enlever les forteresses patronales par un assaut imprévu, n'est plus praticable, et même que s'il l'était, le succès serait toujours douteux et trop peu important.

Aujourd'hui, il existe de grandes organisations ouvrières ; ces organisations sont trop démocratiques pour agir sans le consentement de la masse et ce qui se passe dans cette masse n'est pas un secret pour les patrons ; ceux-ci sont donc toujours à même de prendre des mesures en temps utile.

Comme les grèves isolées, la grève par surprise peut entraîner une grève générale ou un lock-out général. Toutes ces expériences amènent de plus en plus les organisations syndicales à préférer les négociations préalables. Il faut naturellement distinguer aussi entre patron et patron. Les moyens d'action doivent varier suivant les circonstances : il faut s'inspirer autant que possible de la devise : *divide ut imperas*, mais cela n'est pas toujours d'une application facile. Il y a des patrons qui sont plus conciliants que d'autres, par tempérament, par expérience et par tradition. Il y a dans les industries moyennes des patrons qui ont été ouvriers eux-mêmes, et, s'il est vrai que quelquefois l'ouvrier devenu patron devient plus dur que le patron de naissance, il y a un grand nombre de patrons qui conservent leurs sentiments d'ouvriers et qui sont plus conciliants que d'autres en cas de revendications collectives.

Les patrons peuvent aussi être poussés à la conciliation par des raisons d'intérêt. C'est le cas dans les industries où la classe ouvrière joue un rôle considérable comme consommatrice. Dans les pays modernes et surtout dans les pays industriels comme l'Allemagne, la classe ouvrière joue par sa masse, comme consommatrice, un tout autre rôle que jadis. Grâce à ce fait, elle peut exercer une très grande influence ; on a pu le constater depuis longtemps déjà chez nous et dans les autres pays.

Autrefois, les ouvriers ne connaissaient pas eux-mêmes leur puissance à ce point de vue. A présent, ils l'apprécient de mieux en mieux et savent en tirer profit ; ils apprennent à employer l'arme du boycottage et l'on sait que cela a déjà joué un rôle considérable dans les mouvements ouvriers.

Un autre moyen de lutte usité surtout aux Etats-Unis consiste dans le label ou bouton. On désigne ainsi une marque, de formes diverses, portant l'estampille du syndicat et attachée au produit. La grande masse des ouvriers et ceux qui sympathisent avec eux n'achètent que des marchandises portant le label ou la marque trade-unioniste. Là où la classe ouvrière est assez nombreuse, et où les sentiments de solidarité ouvrière sont assez développés, on peut exercer ainsi une grande pression sur nombre de patrons.

En Allemagne, l'usage du label n'est pas très répandu, mais le boycottage y a été employé à une époque où il n'était pas encore connu sous ce nom.

L'origine du mot boycottage est bien connue. En 1880, un capitaine anglais, James Boycott, gérant de propriétés, fit preuve d'une telle dureté à l'égard des fermiers irlandais placés sous ses ordres, qu'il s'en fit exécrer. Ils s'entendirent pour le mettre en quarantaine. Tout Irlandais devait refuser de travailler pour lui. Il fut même interdit de lui acheter ou de lui vendre quoi que ce fût, surtout des vivres. Le pacte fut fidèlement observé et malgré l'intervention du Gouvernement qui le protégea, il fut obligé de quitter le pays.

Les ouvriers allemands ont fait usage du boycottage pour la première fois dans une affaire politique et non dans une affaire syndicale. Ce fut en 1878, après l'attentat de Nobiling contre l'empereur Guillaume I, attentat qui excita l'indignation générale non seulement de la bourgeoisie mais même de la grande masse du peuple contre les socialistes, à ce point, qu'à **Berlin**, la Berliner Freie Presse, le journal socialiste, tomba de 14.000 abonnés à 10.000. La plupart des marchands de bière durent bannir le journal socialiste de leurs établissements.

Alors, sans aucune intervention du parti, les ouvriers imaginèrent de se rendre dans ces établissements et de demander le journal ; quand les propriétaires répondaient que la police ne le tolérait pas, ils se retiraient. Un premier patron, d'autres ensuite reprirent le journal, clandestinement d'abord, puis tout se rétablit comme auparavant.

Plus tard, à l'époque de l'abrogation des lois d'exception contre les socialistes, il y eut un grand boycottage des brasseries de Berlin, en vue d'obtenir des salles pour tenir les meetings. La police agissait sur les patrons de brasseries qui disposaient de grandes salles, pour les dissuader de les louer aux socialistes. Les ouvriers, déjà bien organisés, eurent recours au boycottage et obtinrent ce qu'il voulaient.

Dans d'autres cas encore, les ouvriers exercèrent une pression sur les tenanciers de brasseries, lesquels en général, n'ont pas de crainte plus grande que celle de voir leur bière ne plus être au goût de la classe ouvrière.

Je vous ai parlé hier des conventions de tarifs. Les brasseries les acceptent facilement, de crainte que leur bière ne soit mise en interdit par la classe ouvrière.

Dans d'autres industries, dans l'industrie du vêtement confectionné par exemple, il existe des conventions qui ont été faites en vue de flatter les masses ; les grands établissements qui visent à être les fournisseurs de la masse se gardent bien de s'exposer à une grève de tailleurs.

La presse redoute également le boycottage. Il existe, à côté de la presse socialiste, une grande presse d'information qui recherche la clientèle de la classe ouvrière et qui, par conséquent, se garde bien de courir le risque d'une grève.

La classe ouvrière est encore à même d'user de son influence de consommatrice, dans les endroits où elle a organisé des associations coopératives et où, par conséquent, elle a des commandes à passer. Cette circonstance lui permet notamment, en cas de grève, de provoquer la désunion parmi les capitalistes et de les amener ainsi à négocier avec les ouvriers.

Les ouvriers peuvent encore exercer une influence sur les grèves comme membres des municipalités. Dans nombre de pays, par exemple en Angleterre, le droit de suffrage pour les municipalités est organisé beaucoup plus démocratiquement qu'en Allemagne. Les effets de ce régime se trahissent par l'introduction de réformes telles que la fair-wage clause (clause du juste salaire).

La première institution anglaise établie d'après une conception démocratique fut le *School board* (bureau scolaire). Le bureau scolaire de Londres fut le premier à introduire la clause du juste salaire. Dès 1888, dans ses contrats avec les entrepreneurs, il fit souscrire à ces derniers l'engagement de payer les salaires et d'observer les conditions des syndicats.

Vers la même époque, l'Angleterre fut dotée d'une nouvelle loi électorale municipale de caractère plus démocratique. L'une des conséquences de la réforme fut l'adoption par le conseil du comté de Londres, de la clause du juste salaire pour les travaux publics. Plus de 250 villes ou municipalités d'Angleterre ont suivi cet exemple.

Cette clause du juste salaire n'a pas encore fait beaucoup de conquêtes en Allemagne. En Prusse, moins encore qu'ailleurs. Dans ce pays, règne le système des trois classes pour les élections municipales. Trois collèges, celui des riches, celui des bourgeois et celui du peuple élisent chacun le même nombre de conseillers, de sorte que les ouvriers sont toujours en minorité. Ajoutez que la moitié des conseillers municipaux doivent être propriétaires de maisons et qu'en Prusse les propriétaires de maisons sont généralement aussi propriétaires de fonds de terre. Rien d'étonnant à ce que, dans ces conditions, la fair-wage clause ne soit pas encore accueillie par les municipalités prussiennes.

Bien au contraire. Une clause des contrats conclus par les municipalités avec les entrepreneurs stipule que si une grève éclate, le délai d'achèvement du travail à exécuter sera prolongé. La grève est regardée comme un cas de force majeure. La Strikeklause (clause de grève) est souvent considérée comme un moyen de protection, pour les patrons, contre les exigences par trop impérieuses des syndicats, mais elle constitue surtout un encouragement pour les patrons intransigeants.

Il est toujours loisible aux municipalités, quand une grève éclate, de décider s'il y a lieu ou non de prolonger les contrats en cours. Mais inscrire d'avance dans un contrat que si une grève éclate, le délai d'exécution sera prolongé, c'est certainement encourager les patrons intransigeants ; aussi cette clause est-elle combattue non-seulement par les syndicats ouvriers et par les socialistes, mais aussi par les réformistes bourgeois eux-mêmes.

Chaque fois que c'est possible, ai-je dit, les ouvriers font de leur mieux — à la guerre comme à la guerre ! — pour diviser les patrons. Mais, étant donné l'organisation de plus en plus solide de ceux-ci, cela réussit de moins en moins. A l'heure actuelle, c'est devenu une chose exceptionnelle.

Dans les négociations, on évite maintenant tout langage agressif. Je pourrais vous lire des instructions qui déconseillent formellement pareil langage et qui sont données par les syndicats à leurs agents. Elles recommandent même de ne pas imiter les patrons lorsqu'ils se montrent raides et aussi de s'abstenir, dans les pourparlers, de toute menace de grève, — ce qui s'explique d'ailleurs, la loi punissant sévèrement cette menace.

Avant de faire grève, il est toujours procédé à un vote parmi les membres du syndicat ou parmi les ouvriers de l'établissement en cause. Une grève ne peut être entreprise s'il n'y a pas en sa faveur une majorité incontestable. Dans la plupart des cas, cette majorité doit être au moins des 2/3.

On prend également des précautions contre les grèves que l'on pourrait appeler grèves de mauvaise humeur ou d'entraînement. La grève est, en effet, regardée comme une chose sérieuse, qui ne doit pas être entreprise d'après l'humeur du moment.

Ces règles de procédure sont d'autant plus nécessaires qu'il y a, dans la classe ouvrière, non seulement des différences de tempérament, mais aussi des différences de situation. Les ouvriers non mariés, les plus jeunes, sont beaucoup plus faciles à entraîner que les ouvriers chargés de famillle. Le plus souvent, ces derniers souffrent bien plus que les autres, des inconvénients du chômage.

Vous trouverez peut-être ces précautions exagérées, mais si vous tenez compte du nombre des grèves allemandes, vous reconnaitrez qu'il ne témoigne guère d'un esprit étroit et peureux. Il y a des gens qui parlent beaucoup du tempérament soumis dont feraient preuve les ouvriers allemands dans les grèves. J'admets volontiers qu'en général, l'ouvrier allemand est paisible et discipliné, mais il ne faut pas exagérer cette réputation de docilité. La presse patronale, dans sa terreur des syndicats ouvriers organisés, prétend même trouver dans la statistique des condamnations pour atteinte à la liberté du travail que je vous ai lue, la preuve que la soumission des ouvriers n'est qu'apparente. L'ouvrier allemand d'aujourd'hui est, en effet, généralement très indépendant. Des compatriotes travaillant à l'étranger, m'ont souvent exprimé leur étonnement de voir les ouvriers des autres pays supporter ce qu'en Allemagne on ne tolèrerait plus. J'admets cependant que le travailleur allemand n'est pas ce que l'on est convenu d'appeler un révolutionnaire. Il respecte généralement les personnes et la propriété. Il est réfléchi. Son tempérament calme est le résultat de la sujétion dans laquelle il a été tenu pendant de longs siècles par les autorités, tracassé qu'il était par les gouvernements, la police et le service militaire. Ses autres qualités sont le résultat de l'éducation qui lui a été donnée par les syndicats pour lui éviter les persécutions et les peines sévères comminées chez nous contre les ouvriers qui outrepassent leurs droits. Les qualités dominantes de l'ouvrier allemand sont la discipline, le talent d'organisation, l'esprit de solidarité et la ténacité, et je crois que ces qualités balancent l'absence de tempérament révolutionnaire qu'on lui reproche parfois.

Le tempérament dit révolutionnaire a souvent pour conséquence le mépris de la vie d'autrui. Il peut être lui-même, dans certains pays, la conséquence du mépris de la vie humaine entré dans les mœurs, comme en Russie par exemple. En général, le révolutionnarisme ne tend pas à développer le respect de la personnalité humaine. Aussi, ne faut-il pas se prononcer trop légèrement en sa faveur. Le respect de la vie humaine est indispensable pour arriver au plus haut degré de la civilisation. La persévérance, la solidarité, la discipline, la puissance d'organisation donnent des résultats plus durables que le révolutionnarisme.

La tactique des grèves à leur début est invariable sur le point qui suit : Ce sont les jeunes ouvriers et les célibataires qui partent les premiers. Les ouvriers font tout ce qu'ils peuvent pour enlever aux patrons la possibilité d'engager de nouveaux travailleurs. Les jeunes et les célibataires, pouvant aller travailler dans un autre endroit, n'ont presque pas à souffrir de la grève ; ils peuvent même constituer ailleurs, comme producteurs, une menace pour leurs anciens patrons.

Nous avons eu, il y a trois ou quatre ans, une grande grève de la filature et du tissage en Saxe ; beaucoup d'ouvriers émigrèrent alors vers le Rhin et vers l'Allemagne du Sud et la conséquence en fut l'éventualité pour les villes de la Saxe de voir leur clientèle détournée par d'autres provinces.

L'exode d'un grand nombre de grévistes est toujours une bonne chose. Par contre, il faut chercher à empêcher l'arrivée de remplaçants, du « Zuzug », suivant l'expression allemande.

Les efforts accomplis dans ce but donnent lieu à la majorité des conflits avec la police.

Vous connaissez ce que les anglais nomment les « breakers » et ce qu'en France on appelle les « casseurs ». En Allemagne on les appelle « Streikbrecher ». En Prusse, les breakers ou casseurs de grèves, sont protégés par la police. Celle-ci ne protège pas seulement les non-grévistes et les casse-grèves, pour traduire mot à mot le terme « Streikbrecher », mais aussi ce que dans d'autres pays, on a appelé les syndicats jaunes ; car il en existe maintenant en Allemagne comme ailleurs.

Mais en Allemagne peut-être moins qu'ailleurs, on peut parler d'un « mouvement » des « jaunes ». Ce que l'on se plaît à appeler ainsi est une plante tout-à-fait artificielle, méprisée et désavouée par les syndicats non-socialistes autant que par les syndicats socialistes. Les gens qui s'intitulent chefs des syndicats jaunes sont plutôt des agents mercenaires, qui travaillent aujourd'hui comme ébénistes, demain comme cordonniers, et à l'aide desquels les patrons cherchent à épouvanter les grévistes. C'est généralement là leur seule vocation. Il est très rare que les capitalistes puissent recruter ces ouvriers en nombre suffisant pour faire face à la production. En les employant, ils ont plutôt pour but de faire croire qu'on travaille chez eux et d'exercer ainsi une action déprimante sur les grévistes.

Les aptitudes des « Streikbrecher » comme producteurs sont donc bien douteuses : même quand ils appartiennent à la profession, ce sont presque toujours des travailleurs de qualité inférieure ; à cet égard, il importe de dire que, très souvent, la grève terminée, les capitalistes les renvoient et réengagent leurs anciens ouvriers.

Je vous ai déjà dit que des grèves avaient eu lieu pour obtenir le renvoi de « Streikbrecher » J'ajoute qu'en général, on ne se laisse plus intimider si facilement par l'intervention de ces « casse-grève ».

Dans cet ordre d'idées, il vaut la peine de mentionner que, dans les syndicats allemands, on repousse aujourd'hui la pratique de la grève à outrance, c'est-à-dire la prolongation de la grève aussi longtemps que possible. On préfère arrêter la grève à temps, quand un échec est devenu probable. On n'imite pas ces commerçants fort nombreux qui, lorsqu'ils font de mauvaises affaires, s'obstinent toujours, dans l'espoir de voir arriver un jour quelque chose qui sauve leur situation. Les chefs expérimentés des syndicats savent qu'un miracle est impossible et ils se disent : si on la prolonge, la grève sera finalement une défaite complète, l'organisation aura été saignée à blanc et la masse des ouvriers sera découragée, tandis qu'en arrêtant à temps une grève engagée, on laisse l'organisation intacte et capable de reprendre la lutte à un moment plus propice.

Les patrons sont d'ailleurs beaucoup moins intraitables la seconde fois que la première, car il craignent de voir de nouveau leurs établissements fermés.

Donc, du moment où un échec est devenu probable ou bien quand la situation est compromise, les|syndicats réfléchissent. Ils organisent des consultations par voie de vote. Ils examinent très sérieusement la situation et, s'il le faut, se résolvent à terminer la grève et à attendre une autre occasion.

Vous vous rappelez que nous avons observé, dans ces dernières années, un très grand nombre de mouvements ouvriers victorieux sans grève. Il y en a eu, en 1906, plus de 4.500. Souvent pareils mouvements, victorieux sans grève, ne sont que la suite d'une grève perdue en apparence. Mais cette suite heureuse n'est pas chose certaine, et pour savoir si le moment favorable pour terminer la grève est arrivé, il faut examiner très soigneusement la situation, et apporter dans cet examen du sens pratique autant qu'un œil exercé. La proposition de terminer une grève sans résultat appréciable heurte presque toujours les sentiments d'un plus ou moins grand nombre d'ouvriers. Les chefs qui la recommandent se voient exposés aux injures, aux accusations déshonorantes. Je pourrais en citer des exemples. Il faut reconnaître toutefois, qu'en général, l'expérience parle en faveur de la tactique décrite.

Si maintenant je lis les chiffres relatifs à la durée des grèves en Allemagne, vous ne manquerez pas de dire qu'ils prouvent le contraire de ce que j'ai avancé. Je veux cependant examiner avec vous le tableau de la durée des grèves en 1906 :

Durée des grèves en 1906 :

213	6.4 %	moins d'un jour.
1132	34.0 »	de 1 à 5 jours.
463	13.9 »	» 6 » 10 »
475	14.3 »	» 11 » 20 »
303	9.1 »	» 21 » 30 »
304	9.1 »	» 31 » 50 »
320	9.6 »	» 51 » 100 »
118	3.6 »	plus de 100 »
3328	100	

Plus de 3 1/2 °/₀ des grèves de l'année du dernier recensement dépassent une durée de 100 jours !

Et la statistique comparée des quatres pays : Allemagne, Autriche, Belgique et France donne, pour la période de cinq ans qui va de 1899 à 1904, le tableau suivant :

Durée	Allemagne	Autriche	Belgique	France	
jusque 5 jours	46,1 °/₀	54,9 °/₀	53,7 °/₀	1 à 7 jours	63,4 °/₀
de 6 à 10 »	14,3 »	17,3 »	20,5 »	8 à 15 »	16,4 »
» 11 à 20 »	12,9 »	11,5 »	11,1 »	16 à 30 »	10,3 »
» 21 à 30 »	7,8 »	6,5 »	5,9 »	31 à 100 »	8,9 »
» 31 à 50 »	8,2 »	4,6 »		plus de 100 »	1 »
» 51 à 100 »	7,7 »	4 »	8,8 »		
plus de 100 »	3 »	1,2 »			
	100	100	100	100	

L'Allemagne a donc eu un plus grand pourcentage de grèves comportant une durée de plus de trente jours que les trois autres pays. En Belgique elles ont été 8,8 °/₀, en Autriche de 9,8 °/₀, en France de 9,9 °/₀, mais en Allemagne de 18,9 °/₀ de la totalité des grèves du pays.

Cela paraît, à première vue, contredire mes assertions, mais n'oublions pas que la question est toute relative. La durée d'une grève dépend des moyens de résistance, et, en Allemagne, ils sont plus considérables que presque partout ailleurs. Je vous ai parlé des fortes cotisations que les syndicats allemands recueillent parmi les ouvriers. Cela leur confère une puissance qui explique le nombre élevé des grèves.

En Angleterre, pays classique de la grève, on fit de nombreuses collectes publiques à l'occasion de la grève des mineurs de 1893 ; en beaucoup d'endroits, on distribua de la soupe. Lors de la grève des fileurs, en 1892, on collecta au moyen de boîtes, en pleine rue. Cet appel à la bienfaisance est aussi chose assez ordinaire en France.

Voyons ce qui se passe normalement en Allemagne dans les syndicats centralisés :

Coût des grèves des syndicats centralisés allemands en dix ans :

	Total en marks	Les syndicats en grève ont payé :	Pourcentage
1896	3,043,000	725,000	24 %
1897	1,257,000	775,000	62 "
1898	1,345,000	1,051,000	78 "
1899	2,627,000	2,016,000	77 "
1900	2,943,000	2,488,000	84 "
1901	2,516,000	1,374,000	68,9 "
1902	2,237,000	2,041,000	91,2 "
1903	5,080,000	4,512,000	88,8 "
1904	5,551,000	5,291,000	95,3 "
1905	10,934,000	8,125,000	74,3 "
1906	13,298,000	11,902,000	89,5 "

Il arrive donc qu'à l'exception de l'année 1903 — celle de la grande grève de l'industrie textile en Saxe — et de l'année 1905, où nous avons eu la gigantesque grève des mineurs, — dès 1902 les 9/10 des frais occasionnés par les grèves ont été couverts par les syndicats en grève eux-mêmes. Cela est extraordinaire et cela montre un très haut degré d'organisation.

Pourtant cela ne veut pas dire que tout soit pour le mieux dans le pays du casque à pointe.

Une des grandes difficultés que rencontre le mouvement syndical en Allemagne, réside dans l'extrême dépendance où sont tenus les employés de l'Etat et des communes. Je vous ai déjà montré comment, dans les municipalités prussiennes, la classe ouvrière se trouve sous la domination de la classe bourgeoise.

En Angleterre, les membres des mêmes classes bourgeoises

sont en grande partie élus par les ouvriers et sont donc forcés de tenir compte des sentiments de ceux-ci.

Mais en Prusse, la première et la deuxième classes des assemblées locales, n'étant en aucune mesure élues par les ouvriers, n'ont presque pas à compter avec la classe ouvrière. Il en est de même pour les membres de la diète prussienne, ainsi que pour la diète saxonne. Les employés des municipalités et de l'Etat ne sont donc pas indépendants et ne possèdent pas le droit de grève.

Il ne faut pas oublier qu'en Prusse et en Saxe, les chemins de fer sont entre les mains de l'Etat, qui est également propriétaires d'une partie des mines.

L'Etat prussien commande à une armée de 600,000 à 700,000 personnes, qui sont dirigées et surveillées par ses fonctionnaires : cela ne va pas sans créer de graves difficultés et cela constitue un facteur important en ce qui concerne la grève générale ou plutôt nationale de toutes les industries. Ce genre de grèves est donc beaucoup plus difficile à réaliser en Allemagne que dans les autres pays.

Chez nous, la grève générale est presque inconcevable sans une révolution, car sans le personnel des moyens de communication, une grève générale aurait peu de chances d'aboutir et, avec l'appui de ce personnel, vu les conditions que je vous ai expliquées, la grève générale équivaudrait à une révolution. Car, du moment où les ouvriers de l'Etat et des communes cessent d'obéir à leurs chefs, les autorités pousseront tout naturellement à la violence.

Disons encore un mot des *résultats sociaux et économiques des grèves.*

Les résultats favorables concernant la durée du travail, le droit d'association, le droit individuel dans l'usine ou dans l'établissement, sont presque toujours des conquêtes durables. Ils créent des coutumes qui, une fois appliquées et généralisées, sont bien difficiles à abolir. Les peuples sont patients et lents dans la conquête de leurs droits, mais il est toujours difficile de leur enlever un droit, une fois qu'il leur a été accordé et qu'il fait partie des coutumes d'une nation.

Les résultats obtenus quant à la hausse des salaires sont plus fragiles et sont même sujets à discussion. La hausse du prix des denrées est considérable en Allemagne et les économistes y voient un effet des grèves. Dès la première moitié du XIXe siècle, les économistes ont annoncé comme devant être la conséquence nécessaire des grèves, le renchérissement du prix de tous les vivres et ont prédit que la classe ouvrière, en dépit des grèves, se retrouverait finalement dans la même situation qu'auparavant, le prix des vivres augmentant en même temps que les salaires. Ce sont non seulement des économistes bourgeois, mais même des économistes socialistes qui ont partagé cet avis. Proudhon, le fameux socialiste français, était de cette opinion. Aujourd'hui encore, certains socialistes révolutionnaires considèrent la lutte des syndicats comme un travail de Sisyphe, c'est à-dire comme un travail inutile.

Est-ce bien exact ? Je réponds que non, ou tout au moins que c'est fort exagéré. On ne peut nier que l'augmentation des salaires se traduit en partie par l'augmentation du prix des produits, car le salaire payé est un élément du prix de vente, mais ce n'est pas le seul élément dont il faille tenir compte. L'augmentation des salaires n'a pas pour corollaire fatal l'augmentation proportionnelle des prix, car dans beaucoup de cas, elle est compensée par les progrès techniques. D'autres facteurs économiques sont responsables de la hausse des prix. Il faut citer notamment l'influence exercée par la rente foncière et par l'intérêt de l'argent, qui sont favorisés en Allemagne, surtout en ce qui concerne la rente foncière à la campagne, par la politique financière de l'empire. Nous avons des droits d'importation sur les vivres qui amènent non seulement une hausse artificielle du prix des vivres, mais encore une hausse de la rente foncière. Au moment où je parle, l'escompte de la Banque Impériale d'Allemagne est de 7 % pour les lettres de change absolument sûres, ce qui, pour l'industrie, correspond, en général, à un taux d'intérêt de 10 à 15 %. Cette politique engendre des crises commerciales, dont on veut attribuer la cause aux grèves en prétendant que leur influence et celle des syndicats tuent l'esprit d'entreprise.

Cette dernière assertion est vide de sens. En général, la tendance des syndicats est d'égaliser les conditions du travail : ils ont en réalité un très grand intérêt à ne pas décourager la production. Ils s'efforcent aujourd'hui, comme nous l'avons vu, d'arriver à conclure des tarifs qui ont pour effet d'assurer les patrons contre les grèves et, en égalisant les conditions du travail, de protéger les fabriques contre la concurrence déloyale. Aussi est-il inexact de prétendre que les grèves et les syndicats découragent l'industrie et favorisent les crises financières. Les syndicats ne font pas toujours la grève, c'est plutôt la perspective de la grève qui fait la force de leur action. Ils ont beaucoup contribué au développement des marchés intérieurs, parce qu'ils augmentent la puissance de consommation de la masse des prolétaires et ils sont en cela les promoteurs les plus actifs des entreprises. Nous avons en Allemagne plus de 8 millions d'ouvriers industriels. Une hausse de salaire qui les met à même d'augmenter leur consommation ne peut naturellement que donner de l'essor à la production en général et contribuer à la création de nouveaux marchés.

Il va sans dire qu'il y a consommation et consommation. L'augmentation de la consommation ne serait pas un élément très important, si elle n'est pas accompagnée d'une amélioration de la qualité. Mais ce double résultat ne peut-être atteint, aussi longtemps que le salaire reste soumis à des fréquentes et à de violentes fluctuations. Et ici, réapparaît la question des conventions de tarifs ; car ces conventions sont précisément un moyen de réduire les fluctuations du salaire. C'est là une chose très importante pour l'évolution de la civilisation et pour l'élévation du degré de culture de la classe ouvrière.

Les hausses passagères de salaires, si grandes qu'elles soient, n'ont pas pour conséquence une amélioration de la vie de l'ouvrier ; au contraire, elles aboutissent souvent à une dissipation stérile. Un ouvrier accoutumé à un genre de vie, ne sait pas règler immédiatement ses dépenses d'une façon raisonnable, *quand son salaire hausse subitement.* Il lui faut un certain temps avant d'y arriver. Et, les fluctuations commerciales aidant, ce temps est à peine expiré qu'il se produit déjà une baisse considérable ou une période de chômage qui ne lui permettent plus d'élever ses besoins au-dessus d'une certaine moyenne de jouissances.

Contre le mal qu'est l'élément aléatoire de la vie ouvrière, les conventions de tarifs offrent quelque protection. Il est vrai qu'en général les patrons ne concèdent guère dans ces conventions de très grandes augmentations. Quand ils accordent 7 %, c'est déjà beaucoup, et une augmentation de 10 % est une chose extraordinaire. Mais la compensation en est qu'il ne se produit presque plus de baisse, et que s'il y a baisse, elle est insignifiante. Le salaire monte lentement, mais il monte continuellement, et c'est là, à tous les points de vue, une chose préférable aux mouvements violents et aléatoires du salaire, car elle rend possible et facilite le développement normal et régulier des besoins.

Telles sont les raisons pour lesquelles les conventions de tarifs sont la véritable route vers le progrès. Les grands seigneurs de l'industrie en Allemagne ne prétendent pas la suivre : Par leurs associations patronales, par leurs assurances contre la grève, ils veulent entraver le progrès. Y réussiront-ils ? Si vous me demandez mon opinion, je vous répondrai catégoriquement que non. Ils peuvent bien, par leurs assurances, arriver à rendre les grèves plus étendues, plus générales encore qu'elles ne sont aujourd'hui, mais ils n'arriveront pas à épuiser la caisse des syndicats et à décourager la classe ouvrière. Certes, une grande grève demande beaucoup de sacrifices et absorbe des fonds considérables. Mais à mesure que les patrons auront réussi par leurs associations, à rendre les grèves plus étendues, celles-ci changeront d'aspect. Telle grève cessera d'être une affaire particulière et locale pour devenir une affaire d'intérêt général et national, comme nous l'avons vu à l'occasion de la grève de la Ruhr et comme nous le verrons encore.

Quand une grève prend de pareilles proportions, l'Etat et les Communes doivent intervenir, qu'ils le veuillent ou non. Et c'est justement ce que les grands seigneurs veulent éviter. Ils refusent la médiation des Conseils de prud'hommes et des cours d'arbitrage et de conciliation. Ils veulent être « maîtres chez eux ». Mais les grandes grèves montreront que ce qu'ils appellent leur propriété, représente en réalité, un intérêt vital de la communauté. Et le résultat final sera tout autre que celui qu'ils attendent. C'est ce que n'ont pas vu les socialistes qui ont cru à l'impossibilité des grèves contre les très grands capitalistes. Il ont perdu de vue que les grèves importantes frappent toujours un nombre considérable de personnes qui ne sont pas en cause. Aussi, les grèves seront-elles toujours des évènements politiques en même temps que des évènements économiques. Elles représenteront un type nouveau de luttes industrielles.

C'est ce qu'un avenir prochain nous montrera, sans que nous assistions pour cela à la fin de la grève. Tant que la domination capitaliste existera, tant que la production sera entre les mains d'une classe, la grève persistera nécessairement. Elle persistera par la fatalité même des choses, elle persistera à titre de facteur indispensable de l'émancipation et du progrès de la classe ouvrière.

NOTE ADDITIONNELLE

Je ne puis laisser publier cette dissertation, sans faire mention de deux faits survenus pendant que j'avais encore en mains les épreuves de ce petit ouvrage. Il s'agit des conventions conclues dans l'industrie du bois et dans celle du bâtiment allemands. La première a été conclue le 6 avril et la seconde le 27 avril 1908, entre les associations patronales et les syndicats ouvriers de ces industries.

Ce qui me parait extraordinaire et digne d'être constaté, c'est qu'à une époque de dépression commerciale très marquée, comme celle qui règne actuellement et qui a eu pour conséquence un chômage très important, l'une des deux conventions, — celle du bois — ne comporte que des augmentations de salaire et des réductions des heures de travail pour les ouvriers intéressés, et que l'autre — celle du bâtiment — débute par un article qui dit que *« dans aucun des districts en question, une aggravation quelconque des conditions du travail ne peut être imposée »* et continue par un second article disant que partout où des augmentations de salaire ont été stipulées entre les parties *« elles doivent être maintenues »*. C'est-à-dire que, dans ces deux industries, dont l'une surtout, celle du bâtiment, a été frappée par la crise, les ouvriers organisés sont arrivés à obtenir de leurs patrons organisés, l'obligation de ne pas profiter des périodes de chômage qui ont eu lieu, pour diminuer le taux des salaires et augmenter le nombre des heures de travail.

C'est, à mon avis, un véritable évènement. Jusqu'à présent, le grand problème à résoudre par les syndicats a été de trouver le moyen de surmonter les difficultés créées par les crises commerciales. Pendant longtemps, ils se sont montrés impuissants à résister à leur influence déprimante ; ce que les ouvriers conquéraient au cours d'une période de prospérité, ils le perdaient totalement ou presque totalement pendant la période de stagnation qui suivait. Plus tard, ils sont arrivés à faire des conventions grâce auxquelles ils ont souvent diminué ou même neutralisé les effets des crises. Mais cela n'a été possible que grâce à des conventions de longue durée conclues pendant une période de prospérité. Les conventions de longue durée font d'ailleurs encore exception. Mais que les conventions conclues en temps de crise générale soient parvenues à maintenir ou même à augmenter le taux des salaires, c'est là, me semble-t-il, une manifestation tout-à-fait nouvelle et certainement très importante de la puissance économique des syndicats.

20 Mai 1908.   E. BERNSTEIN.

ANNEXES.

Types de formulaires-questionnaires servant de base aux syndicats allemands pour établir leurs statistiques relatives aux grèves et aux lock-outs.

Formulaire pour les mouvements de salaires qui s'annoncent.

I. Fragebogen betr. Lohnbewegung.

Name des Ortes (wenn die Bewegung sich auf mehrere Orte erstrecken wird, *der Orte*) . . . . .

	Ar- beiter	Arbeite- rinnen

1. *) Wie viel Betriebe der Branche sind am Orte ?   Darin werden beschäftigt zusammen ? . . . .

          Lehrlinge ?

2. Besteht eine Unternehmer-Organisation der Branche ?

   Welcher Art?

3. Wie viel der erstgenannten Arbeitgeber gehören derselben an ?

4. †) Der Arbeiterorganisation (Verband) gehören an . . . .

5. **) Wie viel Betriebe kommen bei einem eventuellen Streik in Betracht ?
          Darin werden beschäftigt zusammen, ...

          Lehrlinge ?

6. In den Streik werden voraussichtlich eintreten . . . .

7. Kündigungsfrist haben von den eventuell Streikenden . . . . . .

8. Nähere Angaben über die Kündigungsfrist :

   . . . . .

9. Von den eventuell in den Streik Eintretenden gehören der Organisation an.

10. Von diesen sind seit sechs Monaten Mitglieder der Organisation . . . .

11. „   „   „   „ drei   „   „   „   „ . . . . .

12. Von den eventuell Streikenden sind verheiratet . . . .

13. Zahl der Kinder unter 14 Jahren ? . . . . .

14. Handelt es sich um einen *Angriffsstreik ?*   oder um einen *Abwehrstreik ?*

---

*) Von den Betrieben sind :

Fabrikbetriebe . . . . . .   mit   Arbeitern

Handwerksmässige Betriebe   „   „

Hausindustrie-   „   „   „

**) Bei dem Streik kommen in Betracht :

Fabrikbetriebe . . . . . .   mit   Arbeitern

Handwerksmässige Betriebe   „   „

Hausindustrie-   „   „   „

†) Ausserdem sind in Lokalvereinen . . . . .

15. Welches ist der Anlass zu dem **Abwehrstreik?**

    a) Lohnreduktion, wie hoch ist dieselbe ?

    b) Verlängerung der Arbeitszeit, um wie viel Stunden pro Woche ?

    c) Massregelung wegen Verbandstätigkeit, wie viel Personen ?

    d) Sonstige Anlässe

16. Wann sind die Absichten der Unternehmer bekannt geworden ?

17. Wann soll die Verschlechterung der Arbeitsbedingungen eintreten ?

Angriffsstreik :

18. Welche Forderungen stellen die Arbeiter ?

19. Wie ist der Geschäftsgang in den betreffenden Betrieben ?

20. Wie lang war seither die Arbeitszeit pro Woche ?

21. Hat in letzter Zeit Ueberzeitarbeit stattgefunden ?

22. Wie viel betrug die Extra-Entschädigung für die Ueberstunden ?

23. Wie hoch war seither der **Wochen**verdienst der Arbeiter ?

	Durchschnittsverdienst:		Mindestverdienst:		Höchstverdienst:	
	Mk.	Pf.	Mk.	Pf.	Mk.	Pf.
der Arbeiterinnen ?	Mk.	Pf.	Mk.	Pf.	Mk.	Pf.

24. Wird Arbeit ausserhalb angefertigt ?   Welche und wo ?

25. Besteht ein lokaler Streikfonds am Orte ?   Bestand desselben   Mk. Datum

26. Wie stellen sich die Arbeitgeber zu den Forderungen der Arbeiter ?

27. Wie viel Arbeitgeber gewähren bereits diese oder bessere Arbeitsbedingungen ?

    Wie viel Arbeiter beschäftigen diese ?

28. Wann soll die Arbeitseinstellung beginnen ?

29. Wie viel ledige Kollegen können bei Ausbruch des Streiks abreisen? .... Wie viel werden abreisen? .... Wodurch sind die übrigen an den Ort gebunden? ....

....

30. Bestehen noch andere Arbeiter-Organisationen des Berufes am Orte (christlich oder Hirsch-Dunckerisch)? ....

....

    Wenn ja, wie viel Mitglieder haben dieselben? ....

    Sind diese Organisationen bereit, sich am Kampfe zu beteiligen? ....

Mitteilungen über örtliche Verhältnisse.

Allgemeine sachdienliche Bemerkungen.

.........., den 190

(Ort)

Unterschrift der Lokal-Verwaltung:

Formulaire pour les grévistes membres d'une section locale (bureau de paiement) d'un syndicat.

II.   Zahlstelle

☞ **Dieser Zettel ist sofort und gewissenhaft von jedem Streikenden auszufüllen und der Streikleitung zu übergeben.** ☜

Nur diejenigen, welche diese Bedingung erfüllen, haben Anspruch auf Unterstützung.

Nummer des Mitgliedsbuches ? ...... Eingetreten in die Organisation am ....

Tag, Monat, Jahr.

Name des Streikenden (Vor- und Zuname) ....

Wohnort .... Strasse .... Hausnummer ....

Name der Werkstatt, des Arbeitgebers, Wohnort des Arbeitgebers oder Bezeichnung der Arbeitsstelle ....

....

Mit »Ja« oder »Nein« zu beantworten {

Hatte Kündigungsfrist ? ....

Hat die Arbeit vor Ablauf der Kündigungsfrist niedergelegt ? ....

Alter des Streikenden ? .... Jahre. Ob verheiratet ? ....

Zahl der Kinder unter 14 Jahren ?

Wann hat der Streikende die Arbeit niedergelegt ? Am ....

Der Verdienst betrug in der Woche vor der Arbeitsniederlegung (gleichviel ob im Lohn oder Akkord) pro Tag *M* ....

Unterschrift ....

Formulaire des mouvements de salaires sans grèves.

III.   Bericht.

*über eine ohne Arbeitseinstellung verlaufene Lohnbewegung in *)*..................................
(Ort)

....

Branche ....

---

1. Die Bewegung erstreckte sich auf .... Betriebe...

   **) Name der Firma ....

2. Darin sind beschäftigt : .... Arbeiter, ... Arbeiterinnen, ... Lehrlinge.

   Gesamtzahl............................Davon kommen für die Bewegung in Betracht............ Arbeiter,............ Arbeiterinnen.

3. Was war der Anlass zu der Lohnbewegung :

   a) Haben die Arbeiter **Forderungen** gestellt ?............ Wie lauteten diese Forderungen ?

   ....

   ....

   ....

   ....

   b) oder handelte es sich um **Abwehr** von Lohnreduktion, Arbeitszeitverlängerung, Beseitigung der Lohnarbeit, sonstiger Verschlechterungen oder Massregelungen :............

   ....

   ....

   ....

   ....

4. Besteht für die Unternehmer des Berufes eine Organisation ?............ Eventl. welchen Namen hat dieselbe ?..

5. Gehören die von der Bewegung betroffenen Unternehmer dieser Organisation an ?............

---

*) Wenn die Bewegung sich gleichzeitig auf mehrere Orte erstreckt, so sind sämtliche Orte hier anzugeben.
**) Handelte es sich nur um einen Betrieb, so ist der Name der Firma anzugeben.

6. Wieviel von den an der Bewegung beteiligten Arbeitern gehören dem Zentralverband an

   a) männliche .... *b*) weibliche ....

7. Wieviel gehörten anderen Organisationen an : .... Gewerkvereinen, ...
   Christlichen Gewerkschaften, ... lokalen Vereinen.

8. Was wurde durch die Bewegung erreicht :

   a) Verkürzung der Arbeitszeit um wieviel Stunden für den einzelnen Beteiligten pro
   Woche ?.................. für alle.................... an der Bewegung Beteiligten zusammen
   Stunden pro Woche ?....................

   b) Erhöhung des Lohnes oder der Akkordsätze um wieviel Prozent ?.................... Für den
   einzelnen Beteiligten = pro Woche Mk. ?....................
   für alle....................an der Bewegung Beteiligten zusammen eine Lohnerhöhung von
   pro Woche Mk ?....................

       Die tägliche Arbeitszeit betrug :

           vor der Bewegung....................Stunden,

           nach der Bewegung.................... Stunden

   Vor der Bewegung betrug :

       der Lohn pro Stunde....................Pfennige ; pro Woche....................Mk. ; pro Mo-
           nat....................Mk.

       der Verdienst in Akkord pro Woche....................Mk.

   Naoh der Bewegung betrug :

       der Lohn pro Stunde....................Pfennige ; pro Woche....................Mk. ; pro Mo-
           nat .... Mk.

       der Verdienst in Akkord pro Woche.................... Mk.

       Ferner wurden erreicht :

   c) Lohnaufschlag für Ueberstunden.................... °/o für.................... Beteiligte.
   Lohnaufschlag für Sonntags- und Nachtarbeit.................... °/o für....................Beteiligte.

   d) Sonstige Vorteile : ....

9. Was wurde durch die Bewegung abgewehrt :

   a) Verlängerung der Arbeitszeit um wieviel Stunden für den einzelnen Beteiligten pro
   Woche ? .... für alle ....an der Bewegung Beteiligten zusammen Stunden
   pro Woche ?....................

   b) Reduzierung des Lohn- oder Akkord-Verdienstes um Mark für den einzelnen Beteiligten
   pro Woche ? für alle.................... an der Bewegung Beteiligten zusammen
   pro Woche .... Mk.

   c) Was wurde sonst abgewehrt : Beseitigung der Lohnarbeit ?.................... schlechte Fabrik-
   (Bau-, Werkstellen-) Ordnung ? .... , Massregelung ?....................oder sonstige
   Verschlechterungen ? ....

Nur auszufüllen, wenn die Bewegung erfolglos war.

Die Arbeitszeit wurde verlängert um Stunden für den einzelnen Beteiligten pro Woche? .... für alle .... an der Bewegung Beteiligten zusammen Stunden pro Woche ? ....

Der Lohn oder die Akkordsätze wurden herabgesetzt um Prozent ? .... Für den einzelnen Beteiligten = pro Woche Mk ? .... für alle .... an der Bewegung Beteiligten zusammen eine Lohnherabsetzung von pro Woche Mk. ? ....

Die tägliche Arbeitszeit betrug :

    vor der Bewegung .... Stunden,

    nach **erfolgloser** Bewegung .... Stunden.

Vor der Bewegung betrug :

    Der Lohn pro Stunde .... Pfennige ; pro Woche .... Mk. ; pro Monat .... Mk.

    Der Verdienst in Akkord pro Woche .... Mk.

Nach **erfolgloser** Bewegung betrug :

    der Lohn pro Stunde .... Pfennige ; pro Woche .... Mk. ; pro Monat .... Mk.

    Der Verdienst in Akkord pro Woche .... Mk.

10. Wurde mit den Unternehmern ein korporativer Arbeitsvertrag (Lohntarif) vereinbart ?

....

11. Sind die Differenzen durch Vergleichsverhandlungen beigelegt worden ? ....

    a) wurde zwischen den Parteien (Unternehmern und Arbeitern) direkt verhandelt ?

    b) wurde zwischen der Organisation der Unternehmer und der Organisation der Arbeiter verhandelt ? ....

    c) wurde vor dem Gewerbegericht (Einigungsamt) verhandelt ? ....

    d) wurde durch den Verbands- (Gau-) Vorstand vermittelt ? ....

    e) wurde durch andere Personen oder Körperschaften vermittelt ? (ev. nähere Bezeichnung derselben) ....

....

....

....

12. Von welcher Seite wurden die Verhandlungen beantragt, von den Unternehmern ? .... oder von den Arbeitern ? ....

13. An welchem Tage wurden die Forderungen gestellt ? ....

14. An welchem Tage fanden die Verhandlungen statt ? ....

15. Wann traten die neu vereinbarten Bedingungen in Kraft ? ....

) Datum genau angeben!

16. Wurden von allen beteiligten Unternehmern die Vereinbarungen anerkannt ? ....

17. Wieviele Unternehmer haben die Vereinbarungen nicht anerkannt ? ....

18. Sind gegen die letzteren weitere Massnahmen ergriffen ? .... Welche ? ....

....

....

....

19. Sind aus Anlass der Bewegung Kosten entstanden ?............ Betrag : Mk.............

20. Aus welcher Kasse wurden dieselben bezahlt ?............

....

Angaben, wofür die Ausgaben gemacht wurden :

....

....

21. Sonstige sachdienliche Bemerkungen :

....

....

....

....

....

....

....

....

....

....

....

....

Die Richtigkeit aller Angaben bestätigen :

....................., den .... 190....

    (Ort)   (Datum)

Die Gau-, Bezirks- oder Lokalverwaltung :

....

....

....

    (Stempel)

Formulaire du rapport hebdomadaire en temps de grève.

IV. Wochenbericht.

.über den Streik der .... in ....

Der Streik erstreckt sich auf folgende Orte : ....

Erste *Woche* vom Beginn des Ausstandes am .... **bis** .... *190* ......

	Verhei- ratete Ar- beiter	Ledige Ar- beiter	Arbeite- rinnen
1. Die Forderungen wurden zugestellt an .... Betriebe.			
2. Dieselben beschäftigten bis zum Ausbruch des Streiks insgesamt . .			
3. Davon erhielten in .... Betrieben ohne Arbeitseinstellung bewilligt			
4. Als « Arbeitswillige » blieben in .... Betrieben stehen . . .			
5. In den Streik sind eingetreten aus .... Betrieben.			
6. Von den Streikenden gehörten bei Ausbruch des Streiks dem Verband noch nicht an			
7. Wie viel waren schon 6 Monate und darüber Verbandsmitglieder ? .			
8. „ „ „ „ 3 „ „ „ „ .			
9. Von den Streikenden hatten Kündigungsfrist.			
10. Vor Ablauf der Kündigungsfrist haben die Arbeit eingestellt . . .			
11. Von den Streikenden sind bis Ende der Woche abgereist			
12. „ „ „ „. anderweitig untergebracht			
13. Im Laufe der Woche sind zugereist			
14. Als Streikbrecher nahmen die Arbeit auf :			
a) von den Streikenden selbst (davon waren organisiert ....) insgesamt			
b) andere Kollegen am Orte (davon waren organisiert ....) insgesamt			
c) zugereiste Kollegen (davon waren organisiert ....) insgesamt			
15. Insges arbeiteten am Schluss d. Woche « Arbeitswillige » in d. gesperrten Betrieben			
16. Infolge Bewilligung der Forderungen konnten von den Streikenden die Arbeit aufnehmen			
17. Zu den geforderten Bedingungen arbeiteten am Schluss der Woche insgesamt			
18. Im Streik befinden sich am Schluss der Berichtswoche			
a) Davon sind voll unterstützungsberechtigt			
b) Die Streikenden haben Kinder unter 14 Jahren			

Einnahmen und Ausgaben in der ersten Woche des Streiks.

EINNAHMEN:	Mk.	Pf.	AUSGABEN:	Mk.	Pf.
I. Aus Mitteln der Organisation:			Streikunterstützungen an		
a) aus der Zentralkasse erhalten			Verheiratete für Tage		
b) von den laufenden Mitgliederbeiträgen verwendet*)			Darunter Mk. Pf. für		
c) aus der Lokalkasse			Kinder Ledige für Tage		
d) aus anderen Zahlstellen . .			Arbeiterinnen für Tage		
e) aus sonstigen örtlichen Fonds			Reiseunterstützung an abgereiste Streikende . .		
II. Beiträge der in Arbeit stehenden Mitglieder			Für Fortschaffung Zugereister . .		
III. Vom Gewerkschaftskartell am Orte			Für Fernhaltung des Zuzuges . .		
Von anderen Gewerkschaften am Orte			Rechtsschutz und Unterstützung Inhaftierter.		
IV. Auf Listen gesammelt am Orte			Für Flugblätter und Annoncen. .		
Sonstige Sendungen von ausserhalb			Für Porto und Schreibmaterial ·		
Sonstige Einnahmen			Sonstige Ausgaben (genaue Angabe, wofür):		
V. Vom Auslande					
Summa . .			Summa . .		
Kassenbestand des Streikfonds.			Kassenbestand . .		
Summa . .			Summa . .		

*) Die Verwendung soll nur auf Anweisung des Vorstandes erfolgen.

Zuschuss aus der Zentralkasse ist für nächste Woche in Höhe von Mk. erforderlich.

Die Richtigkeit beglaubigt :

Mitteilungen über besondere Vorkommnisse.

1. Haben Streikende eine Wohnung inne, welche dem Betriebsinhaber gehört? Wie viele ?

2. Musste diese Wohnung bei Beginn der Arbeitseinstellung geräumt werden? In welcher Frist ?

3. Aus welchen Provinzen oder Bundesstaaten kamen die meisten Zugereisten ?

4. Wenn die Zugereisten Ausländer waren, aus welchen Ländern kamen die meisten ?

Sind im Laufe der Woche Unterhandlungen mit den Unternehmern (durch das Gewerbe-gericht oder durch den Verbandsvorstand, die Lokalverwaltung, oder durch eine Kommission der Streikenden angeknüpft worden und welches Ergebnis ist zu verzeichnen?

Schilderung etwaiger polizeilicher Maassregeln. Mitteilungen über Strafmandate, Gerichts-verhandlungen gegen Streikende usw.

Für besondere Bemerkungen.

Formulaire du rapport final sur une grève ou un lock-out.

***

V. Schluss-Bericht.

über den Ausstand (Aussperrung) der .... *in* ....

Der Streik (die Aussperrung) erstreckte sich auf folgende Orte : ....

(Wenn der Streik sich auf mehrere Orte erstreckte, sind die Orte hier einzeln anzuführen.)

....

	Arbeiter	Arbeite-rinnen
1. Die Arbeit wurde niedergelegt am ____ten ____190__		
2. Die Arbeit wurde wieder aufgenommen am ____ten ____190__		
3. Die Forderungen wurden zugestellt ____ Betrieben mit		
4. Die Forderungen wurden bewilligt ohne Streik in ____ Betrieben mit		
5. Zu den geforderten Bedingungen arbeiteten vor Beginn des Streiks .		
6. Von der Arbeitseinstellung wurden betroffen ____ Betriebe mit . .		
7. Als „Arbeitswillige" blieben in ____ Betrieben stehen insgesamt .		
8. Die Arbeit stellten ein		
9. In die Streikliste waren davon (laut laufender Nummer) eingetragen .		
10. Von den Streikenden gehörten bei Beginn des Streiks der Organisation an		
11. Von diesen waren 6 Monate und darüber Mitglied		
12. Von den Streikenden hatten Kündigungsfrist		
13. Vor Ablauf der Kündigungsfrist legten die Arbeit nieder		
14. Von den Streikenden waren verheiratet		
15. Die Streikenden hatten insgesamt Kinder unter 14 Jahren ____		
16. Während des Streiks sind zugereist		
17. Als Streikbrecher nahmen die Arbeit auf :		
a) von den Streikenden selbst (davon waren organisiert ____) insgesamt		
b) andere Kollegen am Orte („ „ „ ____) „		
c) zugereiste Kollegen („ „ „ ____) „		
18. Von den Streikenden sind :		
a) abgereist		
b) nach Beendigung des Streiks gemassregelt		
c) aus anderen Gründen arbeitslos geblieben		

19. Laut den Aufzeichnungen in der Streikliste betrug :

    a) der Verlust an Arbeitszeit : für Arbeiter ____ Tage ; Arbeiterinnen ____ Tage.

    b) der Verlust an Arbeitsverdienst : für Arbeiter und Arbeiterinnen insgesamt *M* ____

20. Durch den Streik wurden in Mitleidenschaft gezogen aus anderen Berufen ____ Arbeiter.

21. An dem Streik beteiligten sich auch Mitglieder :

    a) Lokaler Vereine ____ Arbeiter.

    b) Hirsch-Dunckerscher Gewerkvereine ____ „

    c) Christlicher Gewerkschaften ____ „

22. Was wurde durch den **Angriffsstreik** erreicht :

   a) Verkürzung der Arbeitszeit um wieviel Stunden pro Woche ?

   b) Erhöhung des Lohnes um durchschnittlich M pro Woche ?

   c) „ der Akkordsätze um .... Prozent = durchschnittlicher Mehrverdienst pro Woche und Arbeiter ? M

   d) Extravergütung für Ueberzeitarbeit .... und Sonntagsarbeit um wieviel Prozent ?

   e) Sonstige Vorteile ?

23. Welches war der Erfolg des **Abwehrstreiks** :

   a) Abwehr der Arbeitszeitverlängerung um Stunden pro Woche ? ....Stunden.

   b) „ „ Lohnreduktion von M pro Woche ? .... M

   c) „ „ Herabsetzung der Akkordsätze um .... Prozent = durchschnittlich M pro Woche und Arbeiter ? M

   d) „ einer schlechten Fabrik- oder Arbeitsordnung ?

24. **Eventuell** (falls der Streik erfolglos oder nur teilweise erfolgreich war) :

   e) Es trat ein: Eine Verlängerung der Arbeitszeit um Stunden pro Woche ? Stunden.

   f) „ „ „ : „ Lohnreduktion von M pro Woche ? .... M

   g) „ „ „ : „ Herabsetzung der Akkordsätze um .... Prozt. = durchschnittl. M pro Woche und Arbeiter ? .... M

25. Welche sonstigen Aenderungen in den Arbeitsbedingungen wurden abgewehrt oder traten ein ?

26. Ist der Streik (die Aussperrung) durch Vergleichsverhandlungen beendet worden?
   Wie wurden die Unterhandlungen geführt ?

   a) Zwischen den einzelnen Unternehmern und ihren Arbeitern ?

   b) „ Vertretern der Unternehmer und Vertretern der örtlichen Organisation der Arbeiter ?

   c) Zwischen Vertretern der Unternehmer und Vertretern des Zentralvorstandes zus. mit Vorstehenden ?

   d) Zwischen Vertretern der Unternehmer und Vertretern des Zentralvorstandes allein?

   e) Unter Teilnahme der Vorstehenden vor dem Einigungsamt resp. dem Vorsitzenden des Gewerbegerichts ?

   f) Unter Teilnahme der Vorstehenden vor dritten Personen ?

27. Sind aus Anlass des Streiks Strafmandate seitens der Polizei erlassen resp. gerichtliche Verurteilungen erfolgt ?

   (Ueber jeden einzelnen Fall ist unter Angabe des Namens, der Art des Vergehens, des Verlaufes des Prozesses, sowie des Strafmasses ausführlich zu berichten, desgleichen sind die Akten mit einzusenden. Wenn ausführlicher Bericht über einzelne Fälle schon in den Wochenberichten gegeben ist, so ist für diese Fälle der Name des Bestraften und nähere Bezeichnung des Falles hier anzugeben.)

(Eventuell Fortsetzung auf der letzten Seite.)

Kassen-Bericht.

EINNAHMEN:	M	₰	AUSGABEN:	M	₰
I. Aus Mitteln der Organisation:			Streikunterstützung an:		
a) aus der Zentralkasse erhalten			verheiratete Arbeiter .		
b) von den laufenden Mitglieder-beiträgen verwendet*) . .			Darunter Mk. Pf. für		
			Kinder ledige Arbeiter.		
c) aus der Lokalkasse			Arbeiterinnen .		
d) aus sonstigen örtlichen Fonds			Reiseunterstützung an:		
e) aus anderen Zahlstellen erhal-ten			abgereiste Streikende.		
			durchgereiste Kollegen		
II. Beiträge d. in Arbeit stehenden Mitgl.			Für Fortschaffung Zugereister . .		
III. Vom Gewerkschaftskartell am Orte			Für Fernhaltung des Zuzuges . .		
Von anderen Gewerkschaften am Orte.			Rechtsschutz und Unterstützung Inhaftierter		
IV. Auf Listen gesammelt am Orte.			Für Flugblätter und Annoncen .		
Sonstige Sendungen von ausser-halb			Für Porto und Schreibmaterial. .		
Sonstige Einnahmen.			Sonstige Ausgaben (genaue An-gabe wofür)		
. . . .			. . . .		
. . . .			. . . .		
. . . .			. . . .		
V. Vom Auslande			. . . .		
Gesamteinnahme . .			Gesamtausgabe . . .		
Eventuelles Defizit . . .			Eventueller Kassenbestand .		

*) Die Verwendung soll nur auf
Anweisung des Vorstandes erfolgen.

Welche Kasse deckt das Defizit? ....

Welcher Kasse gehört der Kassenbestand? ....

...., den .... ten 190

(Stempel.)

....
(Unterschrift.)

Zur Beachtung! Die Streikleitung hat sofort nach Beendigung des Streiks und nachdem die letzte Streik-unterstützung ausgezahlt worden, die ABRECHNUNG über die Einnahmen und Ausgaben während des Streiks aufzustellen und dieses Schlussberichtsformular nach gewissenhafter Ausfüllung mit sämtlichen Ausgabebelegen sowie der **Streikliste** baldmöglichst an den Verbandsvorstand einzusenden. — Etwaige schriftliche Erklärungen der Unternehmer und die Antworten der Streikleitung darauf, Publikationen in der Presse, Verfügungen der Polizeibehörden bezüglich des Streiks und sonstige ähnliche Akten sind ebenfalls mit an den Vorstand einzusenden. — In die Streikabrechnung müssen **alle** Ausgaben für den Streik, also auch etwaige aus der Lokalkasse gewährte Zuschüsse zur Streikunterstützung u. dergl. aufgenommen werden. — Nach dem Schlussbericht wird vom Verbandsvorstand die alljährliche Statistik über sämtliche Streiks unseres Verbandes aufgestellt. Um dieselbe in voller Genauigkeit zu ermöglichen und ihren Wert zu erhöhen, hat deshalb jede Lokalverwaltung oder Streik-leitung die Pflicht, die Formulare mit der grössten Pünktlichkeit auszufertigen.

TABLE DES MATIÈRES.

Travaux de l'Institut de Sociologie Solvay

I. — Notes et Mémoires.

(7 fascicules parus. Liste détaillée sur demande.)

II. — Études Sociales.

N° 2 : A. PRINS De l'Esprit du Gouvernement Démocratique, 271 pages.
N°° 1 et 3 épuisés. [Prix : Fr. **7.50**

III. — Actualités Sociales.

(14 volumes parus.) Derniers volumes :

N° 10 : L. G. FROMONT. Une expérience industrielle de Réduction de la Journée de Travail. Illustré, 120 pages, 1906. . . . . Fr. **3.00**

N° 11 : G. DE LEENER, Ce qui manque au Commerce belge d'exportation. 294 pages, 1906 . . . . Fr. **2.50**

N° 12 : A. FASTREZ, Ce que l'Armée peut être pour la Nation, 294 pages, 1907. . . . . Fr. **2.50**

N° 13 : A. SLOSSE, Pourquoi mangeons-nous ? Principes fondamentaux de l'Alimentation. 2e édition, 188 pages, 1908 . . Fr. **2 50**

N° 14 : MARCQ, VAUTHIER et ERRERA. La Personnification civile des Associations. 189 pages, 1907. . . . . Fr. **2.00**

ANSIAUX, MAURICE.

LES PROBLÈMES ACTUELS DE LA CIRCULATION MÉTALLIQUE ET FIDUCIAIRE EN BELGIQUE

In-8°, 52 pages, 1907. Prix : Fr. **1.50**

DUBOIS, PAUL.

LA REPRÉSENTATION PROPORTIONNELLE SOUMISE A L'EXPÉRIENCE BELGE

In-8°, 214 pages, 1906. . . . . Prix : Fr. **3.50**

GOFFART, F. et G. MORISSENS.

LE CONGO, PHYSIQUE, POLITIQUE ET ÉCONOMIQUE

Env. 500 pages avec 4 cartes hors texte, en couleurs, 13 cartes en noir et nombr. coupes, vues, etc. 1908. Prix : Fr. **7.50**

JULIN, A.

DE QUOI SE COMPOSE LE COMMERCE EXTÉRIEUR DE LA BELGIQUE ?

(Etudes sur la statistique du commerce extérieur)

In-8°, 50 pages, 1907. Prix : **1 franc**

MATTON, HENRI.

PRÉCIS DE DROIT BUDGÉTAIRE BELGE

Recueil de législation, de doctrine et de jurisprudence en matière de confection et d'exécution du budget.

In-8°, 411 pages, 1908. Prix : Fr. **7.50**

VANDERVELDE, EMILE.

ENQUÊTE SUR LES ASSOCIATIONS PROFESSIONNELLES D'ARTISANS ET OUVRIERS EN BELGIQUE

2 vol. grand in 8°, 382 pages, 1891. (Au lieu de 8 Fr.) Prix réduit : Fr. **5.00**

VANDERVELDE, EMILE.

LE SORT DES CAMPAGNARDS S'AMÉLIORE-T-IL ?

Un village brabançon en 1833 « GAESBEEK »

Ce qu'il est devenu.

In-8°, 72 pages, 1907. Prix : **2 francs**

WAXWEILER, EMILE.

LA VIE DANS LES PHÉNOMÈNES SOCIAUX

In-8°, 41 pages, avec 28 clichés, 1907 Prix : Fr. **1.25**